AF340156

LES FABLES DE PILPAY

PHILOSOPHE INDIEN,

OU

LA CONDUITE DES ROIS.

LES
FABLES
DE
PILPAY
PHILOSOPHE INDIEN;
OU
LA CONDUITE
DES ROIS.

A PARIS,

Chez FLORENTIN & PIERRE DELAULNE,
ruë Saint Jacques, à l'Empereur,
& au Lion d'or.

M. DC. XCVIII.

AVEC PRIVILEGE DU ROY.

AVERTISSEMENT.

PILPAY Bramine In-
dien eſt l'Auteur de ce
Livre. (Les Indiens
donnent à leurs Sages le nom
de Bramine, comme les Grecs
donnent aux leurs celui de
Bracmans.) Il le compoſa pendant qu'il gouvernoit une partie de l'Indoſtan , c'eſt-à-dire
des Royaumes qui ſont entre
l'Inde & le Gange , ſous l'au-
torité du Roi Dabſchelim ſon
Maitre. Pilpay a mis toute ſa
Politique dans cet Ouvrage; &
ſuivant la coutume de preſque
tous les Peuples de l'Orient,
qui n'enſeignent que par Pa-

ã

raboles , il montre à tous les Rois par des Fables les moyens de bien gouverner leurs sujets. Dabschelim conserva long-tems ce dépost, & le laissa à ses successeurs jusques au tems de Nouchirevon Roi de Perse.

Ce Prince ayant oüi parler de ce Livre, envoya son Medecin exprés aux Indes , pour en avoir un Exemplaire à quelque prix que ce fût Le Medecin s'aquitta de sa commission au gré de son Maitre ; & comme il entendoit parfaitement la Langue Indienne, il traduisit ces Fables dans l'ancien Langage des Persans , apellé Pahlavy , & que les Rois de Perse parloient alors ordinairement.

Les Arabes, aprés avoir conquis les plus belles Provinces de l'Orient , commencerent d'adoucir par les Lettres la rudeſſe de leurs mœurs : Ils travaillerent non ſeulement à rendre leur Langue riche & agreable ; mais ils attirerent chez eux d'habiles gens de toutes les Nations du monde, auxquels ils donnerent de grandes recompenſes pour traduire en Arabe tous les Livres de chaque Pays. Aboulhaſan Abdalla Almanſor traduiſit ces Fables de Perſien en Arabe par l'ordre d'Abougiafar Almanſor Abbaſſide.

Cette troiſiéme Traduction fut ſuivie d'une quatriéme Perſienne par le commandement de Nasr ben Ahmad. Nasralla ben Mouhammad ben Abdelhamid traduisit aussi ces Fables en Langue Persienne; & cette derniere Traduction l'emporta sur les autres. C'est sur elle que nous avons fait la nôtre. Ceux qui savent les differentes Versions Grecques, Siriaques & Arabiques de la Bible, d'Aristote, d'Euclide & de Ptolomée, ne seront pas surpris de celles de ce Livre : Ils l'estimeront davantage, puisque les frequétes Traductions sont des marques seures de l'excellence d'un Ouvrage. Aussi le sçavant Bezourg Ommid dans les réponses qu'il fait à Cosrou sur les doutes les plus embarrassez & les questions les plus difficiles,

se servant de ces Fables, en fait
voir l'utilité.

Il n'est pas besoin de faire un
long discours sur cette metho-
de d'enseigner par Paraboles,
puisque le Sauveur du monde
même l'a pratiquée envers ses
Apôtres, auxquels l'Evangile
nous aprend qu'il les expliquoit en particulier. Avant ce
tems-là, l'exemple des Arbres,
qui se vouloient choisir un Roi,
raporté dans le 2. des Rois, peut
fermer la bouche aux plus opi-
niâtres. Les Juifs ont si bien
continüé cette maniere de se
faire entendre, qu'elle ne peut
estre ignorée que de ceux qui
n'ont point vû les Livres Juifs :
Dans le Thalmud, Berechit,
Rabba, Zohar, &c. ils font par-

ler les Eaux, les Montagnes, les
Arbres, & les Lettres mesmes,
comme Rabbi Akuiba : ce qui
a été imité par Lucien dans son
δίκη φωνηέντων. Les autres Peuples de l'Orient ont suivi l'e-
xemple des Hebreux. Les Indiens ont nostre Pilpay, & les
Paraboles de Sandaber Indien,
qui nous restent encore en He-
breu, & sur qui nos François
ont pris le Roman des sept
Sages de Rome : Les Egyp-
tiens & les Nubiens ont Locman le plus ancien de tous,
puisque Mirkond en son premier Volume le met du tems
de David. Les Arabes ont un
gros Livre de ses Apologues,
qui est en grande reputation
parmi eux; leur Autheur a esté

loüé par leur faux Prophete.

Les Grecs ont suivi les Orientaux ; Je dis suivi, puisque les
Grecs confessent eux-mesmes
qu'ils ont apris cette sorte d'é-
rudition d'Esope , qui estoit
Leuantin , & dont la vie écrite
par le Moine Planudes , est la
mesme que celle de Locman ;
Jusques là qu'on admirera le
present que Mercure fait de la
Fable à Esope dans Philostra-
te : Les Anges le font à Locman de la Sagesse dans Mirkond. On laisse au Lecteur
ces remarques à faire, & on
se contente de dire encore,
qu'une des raisons qui obli-
gent les Orientaux à se servir
de Fables quand ils donnent
des conseils, c'est que la plus-

part des Monarchies de l'Orient estant despotiques, & les Sujets par consequent ne se voyant pas libres; comme ces Peuples sont ingenieux, ils ont trouvé ce moyen de pouvoir, sans exposer leur vie, donner des avis à leurs Rois, qui les traitent en esclaves, & qui ne leur laissent pas la liberté de dire ce qu'ils pensent.

TABLE

TABLE.

CHAPITRE I.

TABLE

TABLE

ë ij

ẽ iij

TABLE

Fin de la Table.

F A V T E S.

PAge 21. ligne 25. lisez jugez. P. 32. l. 1. lisez ne se font. P. 54. l. 10. lisez l'apologue. P. 76. l. 22. lisez d'en. P. 80. l. 18. lisez ni sincere. P. 118. l. 22. lisez dans le piege. P. 162. l. 21. lisez ta fourberie. p. 173. l. 25. lisez apuy. p. 192. l. 15. lisez les douceurs. p. 215. l. 25. lisez je veux en estre couvaincu. p. 234. l. 8. lisez on confronta. l. 25. lisez cueillir.

FABLES

FABLES INDIENNES
DE
PILPAY,
OV
LA CONDUITE
DES ROIS.

Ce qui a donné occasion à ce Livre, & par qui il a été composé.

LES Historiens raportent qu'anciennement, vers les confins de la Chine, il y avoit un Roi, dont la gloire, aussi-bien que les vertus étoient repanduës par tout le monde. Les plus grands Prin-

A

ces de la terre, étoient soûmis à
ses commandemens; il étoit suivi
comme un Feridoun, logé comme
un Gemschid, puissant comme un
Alexandre, & armé comme un Da-
ra, ou Darius. Son Conseil étoit
composé de personnes de probité & d'érudition. Ses richesses
étoient immenses, ses troupes
nombreuses, & lui - même étoit
vaillant & juste. Les rebelles éprou-
voient sa colere, les Soldats imi-
toient sa vaillance, sa Justice a-
neantissoit les Tyrans, & sa bonté
secouroit les misérables. Enfin sous
l'Empire de Humayon-fal, c'est ainsi que se nommoit ce bon Roi, les
peuples vivoient trés-heureux, par
la recherche exacte qu'il faisoit des
méchans, & par le soin qu'il avoit
de les faire punir, comme ennemis
du repos public.

La Justice doit estre la regle des
actions d'un Roy dont le Royaume
est la demeure de Dieu ; s'il ne

rend Justice , qu'il se résolve à la perte de son Etat.

Ce Roi avoit un Visir , ou premier Ministre qui aimoit le peuple comme un vrai Pere. Il étoit misericordieux , & ses conseils comme des flambeaux éclairoient les choses les plus obscures de l'Etat. Son nom étoit Khogesteh-raï, c'est-dire *Heureux Conseil* , à cause que par l'adresse de son esprit il avoit rendu ce Royaume heureux ; de sorte que le Roy n'entreprenoit rien sans le consulter. Il faut tout faire avec conseil , rien ne réussit autrement.

Un Jour le Roi monta à cheval pour aller à la chasse ,le Visir le suivit : aprés les plaisirs de cet exercice , ce Prince voulut retourner à son Palais ; mais l'ardeur du Soleil étoit si grande, que le Roy dit au Visir qu'il étoit impossible de la suporter. Le Visir répondit , que s'il plaisoit à sa Majesté , elle

iroit au pied de la montagne où il
faisoit fort beau , & que là ils lais-
seroient passer la chaleur du jour.
Le Roi suivit ce conseil , & en peu
de tems ils arriverent au lieu pro-
posé. La fraicheur de cet endroit
causée par l'ombrage de plusieurs
arbres , que la nature sembloit
avoir pris plaisir à planter au bord
des fontaines , leur fit oublier la
chaleur qu'ils avoient soufferté en
chemin.　Le Roy trouvant ce lieu
trés - agréable , mit pied à terre,
s'assit sur la verdure, & s'occupant
à contempler les ouvrages de Dieu,
il admira dans tout ce qui s'offrit
à sa vûë ce peintre inimitable.

　　Comme il regardoit de tous
costez , il aperceut un tronc d'arbre , qui par sa pourriture montroit son antiquité, & dans lequel
il y avoit des abeilles qui faisoient
du miel. Il demanda au Visir ce
que c'étoit que ces petits animaux?
O Monarque Souverain, répondit

le Viſir, ce ſont de petits animaux de grand profit, & qui font peu de mal. Ils ont un Roy parmi eux, qui ſe nomme Jaſoub ; il eſt plus gros que les autres, & ils luy obeïſ-ſent tous. Il fait ſa réſidence ſur un quarré de cire. Il a un Viſir, des Portiers, des Sergens, & des Gardes ; & l'induſtrie de tous ſes Officiers eſt telle, qu'ils ſe font fait chacun une petite chambre de cire exagone ; de ſorte que les an-gles ne ſont point differens les uns des autres, mais ſi juſtement faits que le Géometre le plus expert ne les pourroit mieux regler. Les pe-tites chambres achevées, le Viſir prend d'eux (en leur langage) le ſerment de fidelité, qui eſt de ne ſe ſoüiller jamais. Selon cette pro-meſſe, ils ne ſe mettent que ſur des branches de Roziers, & ſur des fleurs odoriferantes ; de ſorte que ce qu'ils mangent eſt digeré en peu de tems, & ſe change en une

A iij

matiere douce. Lors qu'ils revien-
nent au logis, les portiers les fen-
tent : s'ils n'ont point une mauvaiſe
odeur, ils leur permettent l'entrée ; & s'ils en ont, ils les tüent :
Et ſi par mégarde ils en laiſſent
entrer quelqu'un de mauvaiſe o-
deur, & que le Roy vienne à le
ſentir, il fait venir les portiers,
& les fait mourir avec luy. Que ſi
quelque mouche étrangere veut
entrer dans leur logis, les portiers
s'y oppoſent ; & ſi elle veut entrer
par force, elle eſt miſe à mort.
Les Hiſtoriens diſent, que Gemſ-
chid n'a appris que de ces animaux
à faire ſa maiſon, à avoir des Viſirs,
des Portiers, des Gardes, & autres Officiers.

Lors que le Roi eut entendu ce
diſcours, il s'approcha de l'arbre,
s'arrêta à voir ces animaux s'ac-
quiter de leurs devoirs ; & aprés
les avoir bien conſiderés, il admira cette ſocieté, ſi bien réglée.

Son Visir le voyant ainsi ravi d'é-
tonnement : Sire, lui dit-il, tout
ce bel ordre ne dépend que du
conseil, & de la conduite des Ministres sages, affectionnez à leurs
Princes, & amateurs du repos public ; moyennant quoy un Empire
est toûjours florissant. En cela il
faut suivre l'exemple du grand
Dabschelim Indien, qui abandonnoit le gouvernement de son
Royaume aux bons conseils du sage Pilpay Bramine : en sorte que
par la bonté de l'esprit de ce Ministre, il regna paisiblement pendant sa vie, & laissa à la posterité
une heureuse mémoire de son
nom.

Quand le Roi eut oüi prononcer
le nom de Dabschelim, & de Pilpay.
Il sentit en lui-même des mouvemens d'une joïe extraordinaire.
Il y a long-tems, dit-il, au Visir que
j'ay soûhaité avec passion d'entendre l'Histoire du gouvernement

de ce Bramine, sans avoir pu me satisfaire; maintenant je rens graces à Dieu, de ce que mon désir peut être accompli. Je vous prie donc de me la raconter, afin que ses conseils soient utiles au public, & au particulier. Le Visir commença de cette sorte :

HISTOIRE
de Dabschelim & de Pilpay.

J'Ay appris de gens d'esprit, & de sçavoir, que dans une des villes des Indes, qui en étoit la Metropolitaine, régnoit un Prince dont les Ministres éclairez rendoient par leurs conseils les Sujets heureux, & faisoient reussir les justes desseins de leur Prince. Il étoit ennemi juré des oppressions, & les méchans ne faisoient pas leurs affaires dans ses Etats, parce qu'ils étoient rigoureusement châtiez. Ce Roy se nõmoit *Dabschelim*, (nom tres - convenable à un tel Prince, puis qu'en leur langue, il signifie (*Grand Roi.*) Il étoit si puissant, qu'il n'entreprenoit que des choses extraordinaires. Son armée étoit composée de dix mille Elephans; à l'égard des hommes vaillans & experimentez, ils étoient en grand nombre, aussi bien que ses trésors. Tout cela le rendoit redoutable à ses ennemis, & procuroit le repos à ses peuples, dont il prenoit lui-même un soin particulier, écoutant leurs differens avec plaisir, vuidant leurs querelles, & se faisant l'arbitre de leurs disputes, sans avoir égard àsa grandeur & à sa magnificence. Il n'abandonnoit jamais les interêts du peuple, & mettoit toûjours leurs affaires entre les mains des justes. Aprés avoir donné un si bel ordre à son Etat, il vivoit en repos, & passoit son tems heureusement. Un jour aprés s'être entretenu de diverses sciences, il se mit sur un lit pour donner quelque relache à son esprit. Ce qu'il n'eût pas plûtôt fait, qu'il vit en songe, une figure pleine de lumiere & de Majesté, qui lui dit : Vous avez fait aujourd'hui une bonne action pour l'amour de Dieu, vous en serez recompensé : Demain à la pointe du jour, montés à cheval, & allés du côté de l'Orient, un tresor inestimable vous y attent, par le moyen duquel vous excellerez en tout sur le reste des hommes. Dabschelim s'éveilla aussi tôt, & se mit à faire des reflexions sur ce tresor.

A la pointe du jour, il monta sur un de ses plus beaux chevaux qu'il avoit fait harnacher de selles d'or, & de brides émaillées, & prit sa route vers l'Orient. Il passa par divers lieux habitez, & arriva enfin dans les déserts, où considerant la campagne, & jettant les yeux de tous côtez pour décou-

vrir ce bonheur attendu, il aperceut une montagne fort haute,
dont le sommet paſſoit les nuës,
& au pied de laquelle il y avoit une
caverne fort obſcure, & noire comme le cœur des méchans. Il vit dedans un homme aſſis, dont le ſeul
aſpect montroit aſſés l'auſterité de
ſa vie. Le Roi eut grande envie de
l'aborder ; le vieillard reconnoiſ-
ſant ſon intention, rompit le ſilence, & luy dit : Sire, quoique
ma petite cahute n'ait point de raport avec vôtre ſuperbe Palais, cependant c'eſt une coûtume ancien-
ne, que les Rois par leurs bontez,
viſitent les pauvres ; Le regard des
grands ſur les pauvres, augmente
leur grandeur ; Salomon tout plein
de ſa ſplendeur & de ſa magnificence, ne laiſſoit pas de conſiderer les petites fourmis. Dabchelim
agréa l'honnêteté du vieillard, &
deſcendit de cheval pour l'entretenir. Aprés avoir parlé de diver-

ses choses, le Roy voulut prendre
congé du vieillard, qui lui fit
ce compliment : Sire, il n'appar-
tient pas à un pauvre homme comme moi, de presenter quelque ra-
fraichissement à un puissant Roi
comme vous; mais j'ay un present
(si vôtre Majesté l'agrée) qui m'est
resté de la succession de mon Pere,
& qui vous est destiné. Ce present
est un tresor que j'ai ici prés ; si vôtre Majesté le trouve bon , commandez à vos Serviteurs de le chercher. Dabchelym entendant cela,
raconta son songe au bon homme
qui se réjouit fort de ce que sa volonté se trouvoit conforme à celle
de Dieu.

Le Roy donc commanda à ses
Serviteurs de chercher ce tresor au
tour de la caverne : en peu de
tems ils découvrirent ce qu'ils cherchoient , & montrerent au Roy
plusieurs caisses & coffres remplis
d'or , d'argent & de pierreries ; &

entre tous ces coffres, se trouva
une cassete d'or émaillée , qui
étoit cloüée avec plusieurs barres
de fer, & environnée de plusieurs
cadenas, dont les clefs ne se trou-
voient point, quelque recherche
que l'on en pût faire , & quelque soin que l'on y pût apporter.
Cela augmenta la curiosité du Roi :
Il faut, dit-il, qu'il y ait là dedans
quelque chose de plus excellent
que des pierreries, puisqu'on l'a si
fortement & si curieusement fermé. Il commanda de faire venir un
Serurier , & fit rompre la cassete,
dans laquelle se trouva une autre
cassete d'or, couverte de pierreries enchassées , & dans celle-là,
une petite boëte, que le Roi se fit
donner. L'ayant prise , il l'ouvrit,
& trouva une piece de satin blanc,
sur lequel étoient écrites quelques
lignes en langue Syriaque. Dabchelim en fut étonné, & dit, qu'ést-
ce que cela peut signifier ? Les uns

difoient que c'étoit le nom du maître de ce tréfor, les autres que c'é-
toit un Talifman, pour la confer-
vation du tréfor. Aprés qu'un chacun eut dit fon opinion, celle du
Roi fût de faire venir quelqu'un
qui donnât l'interprétation de cet
écrit. Aprés avoir bien cherché, on
trouva un homme fçavant dans les
langues étrangeres : on le préfenta
au Roi, qui lui dit en le carreffant:
Je défire que vous m'expliquiez en
termes intelligibles, ce qui eft contenu dans ce fatin. Cet homme a-
prés avoir lû l'écrit , répondit au
Roi : Sire , ce font des exhortations , & voici ce qu'elles contien-
nent:

Moy Roy Houfchenx, j'ai mis ce
trefor ici pour le grand Roi Dabchelim , ayant appris par réve-
lation divine que ce tréfor luy
étoit deftiné : Mais parmi ces pierreries , j'ai caché un Teftament en
forme d'inftruction, par la lecture

duquel, il verra que les gens d'efprit ne doivent pas fe laiffer é-
blouïr par l'éclat des tréfors.
Les richeffes ne font que comme
des chofes empruntées, qu'il faut
rendre à nos fucceffeurs tôt ou
tard. Les plaifirs de ce monde qui
font fi charmans, font-ils éternels?
Ce Teftament eft un abregé, pour
regler la conduite des Rois, & il
faut qu'un Roy fage fuive fes in-
ftructions. Quiconque les mépri-
fera, & ne les voudra pas fuivre,
felon le contenu en ces quatorze
Chapitres, qu'il s'affûre de la perte de fon Empire.

Le premier avertiffement eft,
qu'il ne chaffe point fes domeftiques par la folicitation d'autrui,
parce que celui qui approche des
Rois, ne manque point d'envieux
& de jaloux de fon bonheu, qui
dés qu'ils voyent que le Roi a pour
luy quelque affection, ne ceffent
point de faire enforte de le luy

rendre odieux, en inventant mille calomnies.

Le second, qu'il ne souffre jamais en sa compagnie, les flateurs, & les médisans, parce qu'ils ne cherchent que des querelles. Il vaut beaucoup mieux exterminer de telles gens, afin que la Société humaine n'en soit point troublée.

Le troisiéme, qu'il entretienne toûjours ses Grands & ses Ministres en bonne intelligence, afin que d'un commun consentement ils travaillent à la conservation de l'Etat.

Le quatriéme, qu'il ne se fie jamais aux soûmissions de ses ennemis. Plus ils témoigneront d'affection, & feront de protestations de service, plus faut-il se défier de leurs artifices. On ne peut faire aucun fonds sur l'amitié d'un ennemi, il faut s'éloigner de lui, lors qu'il vient avec un visage d'ami, comme on éloigne le bois sec d'un feu bien allumé.

Le

Le cinquiéme, quand on a une fois acquis ce qu'on a beaucoup recherché, il le faut conſerver ſoigneuſement, puis qu'on n'a pas tous les jours les mêmes moyens de l'acquerir ; & quand nous n'avons pas conſervé ce que nous avions acquis, il ne nous reſte que le déplaiſir de l'avoir perdu. On ne peut faire revenir la fleche qui eſt une fois décochée, quand même on mangeroit ſes doigts de regret.

Le ſixiéme eſt, qu'il ne faut jamais ſe précipiter dans les affaires, mais au contraire, avant que d'éxecuter une entrepriſe, il l'a faut peſer & examiner. Les choſes précipitées ſont toûjours nuiſibles. On peut faire ce qui n'a pas encore été fait ; mais on ſe répent inutilement d'avoir mal fait.

Le ſeptiéme, qu'il ne faut jamais mépriſer le conſeil, & la prudence. S'il eſt beſoin de faire amitié avec quelques ennemis, pour se délivrer de leurs mains, il le faut faire sans differer.

Le huitiéme, qu'il faut éviter la compagnie des diſſimulez, & ne point écouter leurs flateries; puis qu'ils n'ont dans leur ſein, que des plantes d'inimitié, ils ne peuvent donner du fruit d'amitié, mais plûtôt de haine.

Le neuviéme eſt, d'avoir la miſéricorde en recommendation, & de ne point châtier les domeſtiques pour une petite faute commiſe par infirmité : car un Roi miſéricordieux en terre, eſt comme un Ange dans le Ciel. Il faut conſiderer la foibleſſe des hommes, & par bonté & charité, cacher leurs défauts. Les Sujets ont toûjours fait des fautes, & les Rois ont toujours pardonné.

Le dixiéme eſt, de ne procurer du mal à perſonne, il faut au contraire fair e le plus de bien qu'on pourra.Si vous faites du bien, on vous en fera,& si vous faites du mal ,tout de même.

L'onziéme est, de ne rechercher rien qui soit contraire à sa dignité. Il se trouve beaucoup de person‑ nes qui laissent leurs affaires, & vont chercher celles d'autrui, à la fin ils ne font rien du tout. Le Cor‑ beau vouloit apprendre la démar‑ che de la Perdrix, il ne put en ve‑ nir à bout , & oublia la sienne.

Le douziéme est, d'avoir une hu‑ meur douce, & affable. La dou‑ ceur dans la societé, est comme le sel en matiere de viande ; l'un assaisonne les vivres, & l'autre con‑ tente un chacun. L'épée de fer est moins trenchante que celle de la douceur, elle surmonte des armées invincibles.

Le treiziéme est, d'avoir des ser‑ viteurs fideles, & de ne donner ja‑ mais entrée chez soi aux trom‑ peurs. Par ce moyen, le Royaume sera en seureté, & les secrets du Roi ne seront point revelez.

Le quatorziéme, & le dernier est, de ne se point inquieter des accidens de ce monde. Un homme d'esprit souffre toutes les adversitez, & se repose sur la Providence de Dieu. Un fou ne cherche que les passe-tems & les plaisirs.

Il y a plusieurs Histoires sur chacun de ces chapitres. Si le Roi les veut entendre, il faut qu'il s'en aille du côté de la montagne de Serandib, qui étoit le lieu du séjour de nôtre Pere Adam, & là, toutes ses difficultez luy seront expliquées & ses intentions accomplies. Dieu nous donne la paix.

Aprés que ce sçavant homme eut fait cette lecture, Dabchelim l'embrassa, & ayant repris cette piece de satin, avec respect, il l'attacha à son bras, en disant : On m'avoit promis un trésor mondain, & j'ai trouvé un trésor de se-

crets; Dieu m'a fait la grace d'a_
voir affez de biens. Et auffi-tôt, il
fit diftribuer l'or & l'argent aux
pauvres , afin que cette charité
fervît pour le repos de l'ame du
Roy Houfchenk ; aprés cela , il
retourna à fa Capitale , & rentra
dans fon Palais. Toute la nuit il ne
fit que fonger au voyage qu'il de_
voit faire en Serandib.

Le lendemain , aprés le Soleil le_
vé Dabchelim commanda que l'on
fit venir deux de fes principaux
Miniftres, en qui il avoit grande
confiance : Il leur découvrit fon
fonge, & ce qui lui étoit arrivé en
fuite ; & leur déclara qu'il avoit en_
vie de faire le voyage de Serandib.
Il y a long-tems , leur dit_il, que
je_fais toutes mes entreprifes par
confeil, aujourd'hui même, je veux
bien m'en raporter à vous fur tout
ce que je viens de vous dire de
mon voyage, dites moi ce que vous
ugez à propos que je faffe fur ce

fujet. Les Vifirs demanderent au Roi le refte du jour, & la nuit fuivante, pour examiner l'affaire, & lui rendre réponfe. Dabchelim leur accorda cette demande, & le lendemain ils vinrent trouver le Roi ; chacun ayant pris fa place, ils attendirent que le Roi leur fit figne pour parler. Dés qu'ils eurent reçû cette permiffion, le grand Vifir mit les genoux en terre, & aprés avoir donné à fa Majefté les loüanges ordinaires, il commença de cette forte :

Sire, il me femble que ce voyage fera plus penible que profitable; parce que qui entreprend des voyages, renonce en même-tems à toute forte de repos. Vôtre Majefté n'ignore pas les dangers, & les hazards qui fe rencontrent par les chemins. Il faut donc qu'un homme d'efprit ne change pas fon repos en inquietude, & qu'il fe fouvienne de la Fable du Pigeon voyageur, & des dangers qu'il courut. Le Roy voulut sçavoir cette Fable.

FABLE

Du Pigeon voyageur.

SIRE, dit le Visir, il y avoit deux Pigeons qui vivoient heureux dans leurs nids, à couvert de toutes les injures du tems, & contens d'un peu d'eau & de grain. C'est un trésor d'être dans la solitude, lorsque l'on y est avec son ami ; & l'on ne perd point à quitter pour lui toutes les autres compagnies du monde ; mais il semble que le destin n'ait autre chose à faire dans ce monde, que de separer les amis. L'un de ces Pigeons se nommoit l'Aimé, & l'autre l'Aimant. Un jour l'Aimé eut envie de voyager, il communiqua son dessein à son compagnon. Serons-nous toû-

jours enfermez dans un trou, luy
dit-il ? pour moy j'ay réfolu d'aller
quelque jour par le monde; dans
les voyages, on voit tous les jours
des chofes nouvelles , on acquiert
de l'expérience; & les grands ont
dit , que les voyages étoient des
moyens pour acquerir les con-
noiffances que nous n'avons pas.
Si l'épée ne fort de fon fourreau,
elle ne peut montrer fa valeur ; &
fi la plume ne fait fa courfe fur l'é-
tenduë d'une page , elle ne montre point fon éloquence. Le Ciel,
à caufe de fon perpetuel mouve-
ment eft au deffus de tout, & la
terre fert de marchepied à toutes
les creatures, parce qu'elle eft im-
mobile. Si un arbre pouvoit fe
transporter d'un lieu en un autre,
il ne craindroit pas la fcie ni la
coignée , & ne feroit pas expofé
aux mauvais traitemens des bu-
cherons. Cela eft vray , luy dit
l'Aimant. Mais, mon cher compagnon,

pagnon, vous n'avez jamais souffert les fatigues des voyages, &
vous ne sçavez ce que c'est que
d'estre dans les pays estrangers. Le
voyage est un arbre qui ne donne pour tout fruit que des inquietudes. Si les fatigues des voyageurs
sont grandes, répondit l'Aimé,
elles sont bien récompensées par le
plaisir qu'ils ont de voir mille choses rares; & quand on s'est accoû-
tumé à la peine, on ne la trouve
plus étrange. Les voyages, reprit
l'Aimant, ne sont agreables que
lors qu'on les fait avec ses amis:
car quand on est éloigné d'eux,
outre qu'on est exposé aux injures
du tems, on a la douleur encore
de se voir séparé de ce qu'on aime:
Ne quittez donc point un lieu où
vous estes en repos, & l'objet que
vous aimez. Si ces peines me pa-
roissent insuportables, repartit
l'Aimé, en peu de tems je seray de
retour. Aprés cette conversation

ils s'embrasserent, se dirent adieu, & se séparerent. L'Aimé sortit de son trou comme un oiseau qui s'échape de la cage : il prit plaisir à regarder les montagnes & les jardins; & quand il fut arrivé au pied d'une coline où plusieurs fontaines bordées de beaux arbres arrosoient de charmantes prairies, il resolut de passer la nuit dans un lieu qui ressembloit effectivement au paradis terrestre : mais à peine estoit-il posé sur un arbre, que l'air s'obscurcit, les éclairs bientost commencerent à fraper la vûë, & le tonnerre fit retentir toute la campagne. La pluye & la gresle faisoient voltiger de branche en branche ce pauvre Pigeon, qui ne sçavoit où se mettre pour éviter les coups qu'il recevoit : Enfin il passa si mal la nuit, qu'il se repentit déja d'avoir quitté son camarade. Le lendemain matin, le Soleil ayant dissipé les nuages, l'Aimé partit pour retourner chez luy ; mais un Epervier qui avoit bon apetit aperceut noſtre voyageur, & vola versluy à tire d'aiſle. A cette vûë le Pigeon tremblant, deſeſpera de revoir jamais ſon amy, & regretant de n'avoir pas ſuivi ſes conſeils , proteſta que s'il pouvoit échaper de ce peril , il ne ſongeroit jamais à voyager. Cependant l'Epervier le joignit, & il eſtoit ſur le point de le mettre en pieces, lors qu'un Aigle affamé , & devant qui rien ne pouvoit ſe ſauver , vint fondre ſur l'Epervier, en luy diſant : laiſſe-moy manger ce pigeon, en attendant que je trouve quelque choſe de plus ſolide ; l'Epervier qui avoit autant de cœur que de faim , ne voulut pas ceder à l'Aigle , & ces deux Oiſeaux volerent l'un contre l'autre : le Pigeon cependant s'échappa de leurs griffes, & remarquant un trou qui eſtoit ſi petit qu'à peine un moineau y au-

roit pû entrer, il se glissa dedans,
& y passa la nuit avec une extréme
inquietude. Il en sortit à la pointe
du jour ; mais la faim l'avoit rendu si foible, qu'il ne pouvoit quasi
voler. Il n'estoit pas encore bien
revenu de la frayeur qu'il avoit euë
le jour précedent, & il regardoit
de tous côtez si l'Epervier ou l'Aigle ne paroissoient point ; lors qu'il
vit dans un champ un pigeon auprés duquel il y avoit beaucoup
de grain ; l'Aimé s'en aprocha avec
confiance : mais il n'eut pas plûtost
bequété quelques grains, qu'il se
sentit arresté par les pieds. Les
plaisirs de ce monde sont des pie-
ges que le diable nous tend.

Frere, dit l'Aimé au pigeon,
nous sommes d'une mesme espece.
Pourquoy ne m'as-tu pas averti
de cette perfidie, j'aurois pris garde
à moy, & ne serois pas tombé dans
ces filets. L'autre luy respondit :
Cesse de me tenir ce langage, per-

fonne ne peut prevenir fon deftin, & toute la prudence humaine ne peut garantir d'un accident inévitable. Enfin l'Aimé le pria de luy enfeigner quelque expedient pour fortir de cet embaras, difant qu'il luy en auroit une obligation eternelle. O innocent, luy répondit l'autre, fi je fçavois quelque moyen, je m'en fervirois pour me délivrer moy-mefme, & je ne ferois pas caufe de la prife de mes femblables. Tu reffembles à ce petit Chameau qui las de marcher, difoit à fa mere en pleurant : O mere fans affection, au-moins arrefte un peu, que je prenne haleine pour me délaffer ; fa mere luy répondit : O fils fans confideration, ne vois-tu pas que ma bride eft entre les mains d'un autre : fi j'eftois libre, je jetterois le fardeau que je porte, & je te foulagerois. Enfin le defefpoir préta des forces à noftre voyageur, qui fe tourmenta de

telle forte, qu'il rompit le filet qui
tenoit fon pied ; & profitant de ce
bonheur inefperé, il s'envola du
cofté de fa patrie. La joye qu'il eut
d'eftre échappé d'un fi grand peril, luy fit oublier la faim. En vo-
lant, il paffa par un village, & fe
mit fur une muraille, qui eftoit
vis-à-vis d'un champ qu'on avoit
nouvellement femé, un payfan
qui gardoit fes grains, de peur
que les oyfeaux ne les vinffent
manger, appercevant le pigeon,
mit une pierre dans fa fronde, &
la jetta au pauvre pigeon qui ne
fongeoit à rien moins qu'à cela.
Il fut frappé fi rudement, qu'il
tomba tout étourdi dans un puits
qui eftoit au pied de la muraille.
Ce puits eftoit fi profond qu'en
24. heures on n'eût pû defcendre
jufqu'au fonds avec une corde ; fi
bien que le payfan ne pouvant en
retirer fa proye, la laiffa dedans,
& n'y penfa plus. Le pigeon y re-

fta pendant une nuit, le cœur triste, & l'aifle à demi rompuë. Il regretta un million de fois l'heureux
féjour de fon ami. Cher féjour,
difoit-il, où je voyois un objet
que je ne devois jamais quitter:
que puis-je faire pour te revoir.
Le lendemain pourtant il fit de fi
grands efforts qu'il fortit du puits,
& il arriva enfin auprés de fon
nid.

L'Aymant entendant le bruit
de l'aile de fon compagnon, vola
avec une extrême joye au devant
de luy; mais le voyant fi foible &
fi abbatu, il luy en demanda la
caufe. L'autre luy raconta toutes
fes avantures, en proteftant de n'y
retourner jamais, & de ne faire
plus de voyages.

J'ay raporté cet exemple à V. M.
afin qu'Elle ne prefere pas le repos
dont elle joüit, aux incommoditez
des voyages. Sage Vifir, dit le
Roy, il eft vray que les voyages

ne font pas fans peine ; mais il eſt vray auſſi qu'on en tire de grands profits , & d'utiles connoiſſances. Si un homme ne ſortoit jamais de chez luy, il ſeroit privé de la vûë & de la jouiſſance d'une infinité de belles choſes. Les Faucons ſont honorez parce qu'ils ſont ſouvent ſur la main des Rois, & qu'ils quittent la vie oiſive qu'ils menoient dans leurs nids ; & au contraire, les Hibous ſont mépriſez , parce qu'ils ſont toûjours dans des ruines & dans les tenebres , & qu'ils ſe plaiſent à mener une vie retirée. Il faut s'élever comme le Faucon, & ſe promener , & non pas eſtre caché côme le Hibou. Quiconque voyage, ſe rend agreable à tout le môde,& les gens d'eſprit ſe plaiſent à l'entretenir. Il n'y a rien de plus net que l'eau qui coule , mais lors qu'elle eſt arreſtée & croupie , elle ſe trouble. Si le Faucon qui eſtoit nourri dans le nid d'un Corbeau , ne fût pas sorti pour voyager, il ne seroit pas parvenu à une haute condition. Le Visir pria le Roy de luy conter cette Fable. Ce qu'il fit de la sorte.

FABLE
Du Faucon & du Corbeau.

IL y avoit deux Faucons qui avoient leurs nids dans une montagne fort haute, d'où ils alloient chercher de tous costez de quoy nourrir leurs petits. Un jour qu'ils estoient sortis pour cela, ils demeurerent dehors un peu trop long-tems. Un des petits ayant faim, mit la teste hors du nid & tomba du haut de la montagne en bas : un Corbeau qui estoit en cet endroit le rencontra , & crut d'abord que c'estoit un rat que quelque autre Corbeau avoit laissé tomber ; mais quand il eut reconnu à son bec & à ses serres que

c'estoit un Oiseau de chasse, il conceut de l'amitié pour luy ; & se representant que Dieu s'estoit servi
de luy pour le sauver, il le porta
dans son nid , où il l'éleva avec ses
enfans. Neanmoins le Faucon
croissoit de jour en jour , & dés
qu'il fut en âge de faire des reflexions , il dit en luy-même : Si je
suis frere de ces Corbeaux , pourquoy suis-je fait autrement qu'eux;
& si je ne suis pas de leur race ,
pourquoy demeurais - je icy. Un
jour qu'il songeoit à cela , le Corbeau luy dit : Mon fils , depuis
quelque tems je te trouve triste ,
j'en voudrois bien sçavoir la cause : si tu as du chagrin , ne me le
cache pas , je tacheray de te consoler. J'en ignore moy-mesme le
sujet , repliqua le Faucon : mais
j'ay resolu de vous demander permission de voyager , je croy que
cela dissipera ma melancolie. Mon
fils , s'écria le Corbeau , tu as for-

mé une entreprife qui te caufera
bien des peines; le voyage eft une
mer qui engloutit tout le monde:
on ne voyage que pour acquerir
du bien, ou parce qu'on ne fe
trouve pas à fon aife chez foy ; &
nulle de ces deux raifons ne peu-
vant t'avoir infpiré ce deffein,
rends graces à Dieu de ce que
rien ne te manque. Tu as un empire abfolu fur tes autres freres ;
tu faits une folie, de quitter un
repos affeuré chez toy, pour aller
chercher des peines & des inquietudes ailleurs. Le Faucon répondit : Tout ce que vous me dites eft
vray, & je le prends pour un témoignage de voftre amitié ; mais
je fens en moy-même quelque
chofe qui me perfuade que la vie
que je mene icy n'eft pas digne de
moy. Alors le Corbeau reconnut
que malgré une mauvaife éduca-
tion les gens nobles confervent
toûjours des fentimens dignes de

leur naissance. Il voulut changer
de discours, en luy disant : Ce que
je dis, porte à la sobrieté, & ce
que tu dis n'est causé que par l'a-
varice. Il faut que tu sçaches que
quiconque ne se contente pas de
ce qu'il a, ne sçauroit jamais estre
tranquile ; & comme je vois que
tu n'es pas satisfait de ta condition, & que tu veux t'abandonner à ton ambition, je crains qu'il
ne t'arrive ce qui arriva au chat
gourmand & ambitieux dont je te
vais conter l'histoire.

F A B L E

Du Chat gourmand, & ambitieux.

IL y avoit autrefois une vieille
femme extrêmement maigre,
qui demeuroit dans une petite
maison plus obscure que le cœur
des fous, & plus reserrée que la

main des avares. Elle avoit un
chat qui n'avoit jamais vû seulement l'image du pain, ni le visage d'aucun étranger, parce qu'il
ne sortoit point, & se contentoit
de sentir quelquefois les souris
dans leurs trous, ou de voir les
marques de leurs pieds sur la pous-
siere; & si par un bonheur extraordinaire il en attrapoit quelqu'une,
il estoit comme un gueux qui découvre un tresor ; son visage s'en-
flammoit de joye , & avec cette
proye il passoit une semaine toute
entiere, & par un excez d'admiration , il disoit en lui-même , Dieu !
est-ce un songe ou une verité ?
Neanmoins comme cette maison
estoit un lieu de famine pour les
chats, il se plaignoit toûjours. Un
jour mourant de faim , il monta
sur le toit de la maison , d'où il
aperceut un chat qui se quarroit
sur la muraille d'un voisin comme
un lion , & se promenoit à pas

comptez, Il eſtoit ſi gras qu'il avoit de la peine à marcher. Le chat de la vieille étonné de voir un animal de ſon eſpece ſi gros & ſi gras, fit un cry , & luy dit : Il me ſemble que tu viens du feſtin du Can de Catay , je te conjure de m'aprendre où tu as pris cet embonpoin ? A la table du Roy , répondit le chat gras ; je me preſente tous les jours à ſa porte à l'heure du dîner , & j'attrape toujours quelque bon morceu qui me ſert de nourriture juſqu'au lendemain. Le chat maigre demanda le chemin , & pria le chat gras de le mener avec lui. Je le veux bien , dit le chat gras , car tu es ſi maigre que tu me fais pitié. Aprés cette promeſſe ils ſe ſeparerent. Le chat maigre retourna dans la chambre de la vieille , à qui il conta toute l'affaire. La vieille eſſaya de le détourner de ſon deſſein , l'avertiſſant de prendre garde d'eſtre

trompé : Les souhaits des ambi_
tieux , luy dit - elle , ne peuvent
estre comblez que par la terre de
leur tombeau. La sobrieté seule
enrichit un homme. Il faut apren_
dre à tous ceux qui voyagent pour
assouvir leur ambition, que celuy_
là ne connoit pas Dieu , & ne luy
rend pas les graces qu'il luy doit,
qui ne se contente pas de sa fortu_
ne. Le chat maigre s'estoit formé
une si belle idée de la table du
Roy , que ces remontrances judi_
cieuses entroient par une oreille,
& sortoient par l'autre. Enfin le
jour suivant il partit avec le chat
gras pour aler à la porte du Roy ;
mais devant qu'il y arrivât, le destin
luy avoit dressé un piége. Des
hommes adroits estoient en em_
buscade pour tüer une troupe de
chats qui le jour precedent avoient
causé quelque desordre au dîner du
Roy. Le chat de la vieille croyant
n'avoir rien à craindre , ne vit pas

plûtoſt un plat de viande, qu'il ſe jetta deſſus ; mais en mangeant le premier morceau, une fléche qu'on luy décocha luy perça la poitrine. Le coup qu'il receut ne l'empêcha pourtant pas de s'enfuir. Ah! dit-il, voyant qu'il perdoit tout ſon ſang, ſi je nemeurs point de cet accident, je ne quitteray jamais mon petit coin & mes ſouris.

J'ay cité cet exemple pour vous montrer qu'il vaut mieux ſe contenter de ce qu'on a , que d'aler chercher ce que nous conſeille nôtre ambition. Ce que vous dites eſt bon , répondit le Faucon ; mais c'eſt à faire aux eſprits foibles à ſe tenir toujours dans un petit lieu. Qui deſire d'eſtre Roy; doit faire la conqueſte d'un Royaume, & qui veut trouver une Couronne, doit la chercher : Une vie molle & oiſive ne convient pas à un grand cœur. Ton entrepriſe, reprit le Corbeau, ne peut eſtre exe-
cutée

cutée facilement : avant que de conquerir un Royaume, il faut en avoir fait les préparatifs. Mes griffes, repliqua le Faucon, sont des instrumens assez capables de faire réussir mon dessein. N'avez-vous jamais entendu l'histoire de ce Guerrier qui par sa seule valeur devint Roy. Le Corbeau l'ayant prié de la luy aprendre, le Faucon parla ainsi :

F A B L E.

D'un pauvre homme dont le fils devint Roy.

Dieu voulant tirer de misere un homme qui vivoit dans une extrême pauvreté, luy donna un fils, qui dés sa naissance faisoit voir qu'il seroit quelque jour un grand homme. Cet enfant fut une benediction dans le logis de ce pauvre vieillard, dont le bien aug-

mentoit de jour en jour. Ce petit
garçon dés son enfance ne parloit
que d'épées, d'arcs & de fléches.
Son pere l'envoyoit à l'école, &
faisoit tout ce qu'il pouvoit pour le
mettre dans le goust des Lettres ;
mais il s'échapoit toujours, & s'a-
musoit à courir la lance avec les
petits enfans. Enfin lors qu'il fut
devenu raisonnable, son pere luy
dit : Mon fils, tu es presentement
hors de l'innocence, & en danger
de tomber dans le desordre, si tu
te livres à tes passions. Je veux prevenir cet accident par un mariage.
Au nom de Dieu, mon pere, répondit le garçon, ne me refusez
pas la maitresse dont j'ay fait choix.
Où est cette maitresse, demanda
le vieillard, & de quelle condition
est-elle ? La voicy, répondit le
garçon, montrant à son pere une
fort belle épée : C'est par son
moyen que je veux monter sur le
trône. Aussi-tost il sortit de la mai-

son paternelle, alla chercher des occasions de signaler son courage, & fit enfin tant d'actions glorieuses, qu'il devint un puissant Roy.

J'ay raporté cet exemple, dit le Faucon au Corbeau, afin que vous sçachiez que je me sens né pour entreprendre de grandes choses ; & j'ay un présentiment que je ne seray pas moins heureux que ce Guerrier : C'est pourquoy je ne quitteray jamais mon dessein. Quand le Corbeau le vit ferme dans cette résolution, il consentit qu'il l'executât, persuadé qu'un cœur si noble ne feroit pas de lâches actions. Le Faucon ayant pris congé du Corbeau, & dit adieu à ses pretendus freres, sortit du nid, & s'envola. Il s'arresta sur une montagne, d'où regardant de toutes parts, il aperceut une perdrix dans les guerets, qui faisoit retentir de son chant toutes les collines des environs. Il s'élança tout d'un coup sur elle, & l'ayant attrapée, se mit à la croquer. Cela ne commence pas mal, dit-il en luy-même; & quand ce ne seroit que pour manger une viande si délicate, il vaut mieux voyager que de demeurer enfermé dans un nid, & se repaître de charognes comme font mes freres. Il passa ainsi trois jours à manger de bons morceaux; mais dés le quatriéme estant encore sur le sommet d'une autre montagne, il vit de loin une troupe de gens qui chassoient : C'estoit le Roy de la Province, avec toute sa Cour. Pendant qu'il les consideroit tous, il vit un Faucon qui poursuivoit un Heron. A cette vûë animé d'une noble émulation, il vole de toute sa force, devance le Faucon des Chasseurs, & joint le Heron. Le Roy admirant cette agilité, commanda à ses Fauconniers d'employer toute leur adresse pour prendre ce Faucon : ce qu'ils fi-

rent heureusement pour luy. En
peu de tems il gagna si bien l'a_
mitié du Roy, que ce Prince luy
faisoit l'honneur de le porter ordinairement sur le poing.

S'il eût toûjours demeuré dans
son nid, cette bonne fortune ne
luy seroit pas arrivée. Vous voyés
par cette Fable que les voyages ne
sont pas infructeux : ils réveillent
les gens stupides, & les rendent
capables de quelque chose de bon.
Dabschelim ayant achevé de par_
ler, l'autre Visir aprés avoir fait ses
soumissions, & rendu ses devoirs
selon la coûtume, s'avança, disant
au Roy : Tout ce que Vôtre Majesté a dit est veritable ; mais il me
semble qu'il n'est pas à propos
qu'un grand Roy quitte le repos
pour le travail. Les hommes qui
ont du courage, répondit le Roy,
se plaisent à souffrir les fatigues &
les peines. Si les Rois qui sont
puissans n'ôtent les épines des ro-

fiers, les pauvres pourront-ils cueillir les rofes, & jufqu'à ce que les Princes ayent enduré les incommodités des Campagnes, les peuples dormiront-ils en repos ? Perfonne ne fera en feureté dans tes Etats, lorfquè tu ne chercheras que tes aifes. Quiconque travaille trouve le repos, comme le Leopard, qui par fes foins & fa diligence acquit ce qu'il defiroit. Le Vifir fupplia le Roy d'aprendre cette Fable à fon efclave.

F A B L E

Du Leopard & du Lion.

IL y avoit aux environs de Baffera une Ifle fort belle : on y voyoit un bois tres-agreable, on y refpiroit un air doux, & elle eftoit arrofée par plufieurs fontaines dont les eaux ferpentoient de tous côtez. Il y demeuroit un Leo-

pard si furieux, que les lions les
plus hardis n'osoient en aprocher
seulement d'une lieuë. Il vécut durant plusieurs années en repos
dans son Isle avec un petit Leopard qui faisoit ses délices. Mon
fils, luy disoit-il, aussi-tost que tu
seras assez fort pour t'opposer à
mes ennemis, je te laisseray le soin
de gouverner l'Isle, & je me reti-
reray dans un coin où je passeray
le reste de mes jours sans peine &
sans inquietude. La mort traversa
le dessein du vieux Leopard : il
mourut lors qu'il y pensoit le
moins, & le jeune luy succeda:
mais les anciens ennemis du vieux
Leopard n'eurent pas plûtost apris
sa mort, & la foiblesse de son suc-
cesseur, qu'ils se liguerent & entrerent tous ensemble dans l'Isle.
Le jeune Leopard se sentant trop
foible pour resister à tant d'ennemis, se sauva dans les deserts, &
trouva son salut dans sa fuite. Ce-

pendant les ennemis s'eſtant ren-
dus maîtres de l'Iſle, chacun voulut commander : La diviſion ſe mit
entre eux, & ils en vinrent à un
combat qui fut ſanglant : Un Lion
à la fin demeura vainqueur, &
chaſſa tous les autres de l'Iſle, d'ont
il devint paiſible poſſeſſeur.

Quelques années aprés le jeune
Leopard rencontrant des Lions
dans une foreſt, leur raconta ſes
malheurs, & les pria de l'aider à
reprendre ſon Iſle ; mais les Lions
qui connoiſſoient la force de l'u-
ſurpateur, refuſerent leur ſecours
au Leopard, & luy dirent : Malheureux, aprens que ton Iſle eſt
ſous la puiſſance d'un Lion ſi terrible, que les oiſeaux mêmes n'oſe-
roient voler au deſſus de ſa teſte.
Nous te conſeillons plûtoſt, ajoûterent-ils, de l'aler trouver, de
luy offrir tes ſervices, & de prendre ton tems pour vanger l'injure
qu'il t'a faite. Le Leopard ſuivit ce
conſeil,

conseil, marcha vers l'Isle, aborda
un des domestiques du Lion , &
l'engagea par mille caresses à luy
donner le moyen de voir & d'entretenir son Maître. Le Lion lui
trouva tant de merite , qu'il lui
donna une belle Charge dans sa
maison ; & le Leopard en peu
de tems s'insinüa tellement dans
son esprit , que les Grands de la
Cour en furent bien-tost jaloux. Un jour que le besoin de
l'Etat appelloit le Lion dans un
lieu assez éloigné de l'Isle , &
qu'il paroissoit avoir de la peine à se résoudre de sortir du
Bois , à cause de la chaleur qui
estoit excessive , le Leopard s'offrit à faire ce voyage , & aprés
en avoir obtenu la permission,
il partit avec quelques autres
de bonne volonté , arriva sur
les lieux , donna les ordres ne-
cessaires , & revint si promptement à la Cour rendre compte

de son voyage, que le Roi admirant cette diligence, dit en branflant la teste : Je ne puis mieux faire que de donner le commandement de mon Armée au Leopard, puis qu'il méprise les travaux & les peines, pour procurer à l'Etat un repos solide. En même tems il fit appeller le Leopard, loüa hautement son zele, lui donna le gouvernement de toutes ses Forests, & l'inftitua son heritier. Si le Leopard n'eût point entrepris ce voyage, il n'auroit point regagné son Ifle.

Les Vifirs jugerent par ce difcours, qu'il leur feroit impoffible de détourner le Roi de la réfolution quil avoit prife de faire son voyage. C'eft pourquoi ils ne dirent plus rien pour l'en empêcher. Il confia la conduite de son Etat durant son abfence à celui de ses Vifirs qu'il

aimoit le plus, & lui recommanda sur tout de bien traiter le
peuple. Dabschelim ayant l'esprit en repos là-dessus, partit
avec quelques-uns de ses principaux Courtisans, pour aller à Serandib, où il arriva aprés une
longue & pénible traitte. Il passa trois jours à se promener dans
cette Ville; & y laissant ensuite son bagage le plus embaras-
sant, & même une partie de
son monde, il marcha vers la
montagne, qu'il trouva tres-
haute, & environnée de plusieurs belles prairies, & d'un
grand nombre de jardins. En
regardant de tous côtez, il aper-
çeut une caverne fort obscure:
Les habitans de cette montagne
lui dirent que c'estoit la demeure d'un homme nommé *Bidpay*,
c'est-à-dire, Medecin ami; que
quelques Grands des Indes l'ap-
pelloient *Pilpay*; que c'estoit un

E ij

homme extrémement éclairé ,
qui s'estoit retiré du monde par
dégoût , & qui se plaisoit enfin à
mener une vie solitaire. Cela ne
fit qu'augmenter la curiosité de
Dabschelim , qui se présenta à
l'entrée de la caverne. Pilpay
soupçonnant son dessein , l'appella : Le Roi estant entré ,
aprés quelques complimens , le
Vieux Pilpay Bramine le pria de
se reposer , & lui demanda la
cause d'un si long voyage. Le
Roi , qui avoit un pressentiment
que ce vieillard lui feroit trouver ce qu'il cherchoit , lui raconta son songe , la découverte
du trésor , & ce qui estoit contenu dans la piéce de Satin. Bramine soûrit , & dit au Roi, qu'il
estimoit bienheureux ceux qui
vivoient sous son Regne , & qu'il
ne pouvoit assez le loüer d'avoir
méprisé les fatigues d'un long
voyage pour acquerir de la scien-

ce , & pour la felicité de ses su_
jets : ensuite ayant ouvert sa
bouche comme une boëte de
sciences précieuses, il ravit Dabs_
chelim par ses admirables dis_
cours. Le Roi demeura quelques
jours avec ce Sage , l'écoutant
avec attention , & l'interrogeant
sur une infinité de choses. Ils par-
lerent enfin de la Lettre du Roi
Houschenk. Dabschelim lisoit les
exhortations qu'elle contenoit ,
les unes aprés les autres ; Pilpay
les lui expliquoit , & le Roi les
gravoit dans sa memoire.

CHAPITRE I.

Il faut éviter les discours des flateurs & des médisans.

DABSCHELIM dit à Pilpay: La premiere exhortation est, Que les Rois ne doivent pas écouter les faux raports, & les flateries, qui ne peuvent causer que des malheurs, la fin en étant toûjours mauvaise pour ceux qui les écoutent. Celui, s'écria Bramine, qui n'observe pas ce commandement , ignore l'Apologie du Lion & du Bœuf. Le Roi témoignant avoir envie de l'aprendre , Pilpay continüa de cette maniere.

FABLE

D'un Marchand, & de ses enfans débauchez.

UN Marchand qui estoit un homme consommé dans les affaires du monde, estant tombé malade, & voyant bien que son âge & sa maladie ne lui permet-toient pas de vivre plus long-tems, assembla ses enfans, qui estoient débauchez, & qui dé-pensoient ses biens mal à propos: Mes enfans, leur dit-il, je sçay bien que vous estes excusables de prodiguer ainsi le bien, ne sça-chant pas ce qu'il coûte à amas-ser; mais aprenez que les riches-ses sont des instrumens propres pour acquerir les biens du Ciel & de la Terre. Tous les hommes ne cherchent que ces trois cho-ses: La premiere, d'avoir toutes

les commodités de la vie ; & ceux-
là font des gens qui n'aiment
que l'intemperance , & qui s'a-
bandonnent aux plaifirs des fens.
La feconde eft d'avoir des Charges & des Dignités ; ceux-là font
des ambitieux , qui n'aiment qu'à
commander & à eftre confiderez.
La troifiéme enfin eft , d'acquerir les biens celeftes , & de prendre plaifir à faire du bien à fes
femblables. Ceux - là méritent
de grandes loüanges : mais on ne
parvient à la fin de cette derniere chofe que par les richeffes
bien acquifes. Tout ce qu'on recherche dans ce monde s'obte-
nant donc par l'argent , on ne
peut rien avoir , fi on ne l'acquiert , & ceux qui trouvent du
bien tout acquis , ne fçavent pas
la peine qu'on a à l'amaffer ; &
c'eft à caufe de cela qu'ils le dé-
penfent en peu de tems. Sortez,
mes enfans , de cette vie déré-

glée ; prenez garde à vous, fongez aux moyens d'augmenter vos
revenus, au lieu de les diminuer.
Le fils aîné prenant la parole, dit:
Mon Pere , vous nous commandez d'acquerir , & l'acquifition
ne dépend que de la fortune. Je
fçay bien que nous ne pouvons
manquer d'avoir ce qui nous eft
deftiné , quand même nous ne
ferions pour l'obtenir aucune démarche ; & qu'au contraire nous
n'aurons jamais ce qui n'eft pas
pour nous , quand nous nous
tourmenterions étrangement : Je
me fouviens de ce vieux Proverbe, Tant que jay fui ce qui m'é-
toit deftiné, je l'ay toûjours rencontré ; & tant que j'ay cherché
ce qui n'eftoit pas pour moy , je
ne l'ay pû trouver. On voit cela
clairement dans la Fable de ces
deux fils de Roi, dont l'un découvrit le tréfor du Pere, & ge-
gna le Royaume fans peine ; &

l'autre le perdit , quoi qu'il pût
faire pour le conserver. Le Pere
voulut entendre cette fable ; le
fils la raconta de cette sorte.

FABLE

D'un Roi , & de ses deux fils.

DAns le pays d'Alés regnoit
un Roi qui avoit deux fils
avares & adonnez au vin. Ce
Prince se voyant dans une extréme vieillesse, & se representant le caractere de ses enfans,
craignit qu'aprés sa mort ils ne
dissipassent follement un beau
trésor qu'il avoit, il résolut de
le cacher , & dans ce dessein il
alla trouver un bon Hermite qui
vivoit loin du monde, & en qui
il avoit beaucoup de confiance.
Par le conseil de l'Hermite le
trésor fut enterré dans l'Hermi-

tage si secretement que personne n’en sceut rien : aprés cela le Roi fit un Testament qu’il mit entre les mains de cet Hermite, luy disant : Je vous charge de montrer ce trésor à mes enfans, si aprés ma mort vous les voyez tomber dans une grande pauvreté. Peut-être, ajoûta-t’il, qu’aprés avoir souffert la misere, ils dépenseront les richesses avec plus de conduite qu’ils n’ont fait jusqu’à present. L’Hermite ayant promis de faire fidellement ce qu’on luy recommandoit, le Roi retourna à son Palais, où il mourut peu de tems aprés. L’Hermite ne tarda gueres à le suivre, de maniere que le trésor demeura caché dans l’Hermitage. Les fils du Roi ne s’accorderent pas aprés la mort de leur Pere, dont la succession causa une grande guerre entre eux : L’aîné, qui estoit le plus fort, dépoüilla en-

tierement le cadet de tout ce
qu'il pouvoit prétendre. Ce Prince se voyant privé de son partage , en eut tant de chagrin,
qu'il résolut de quitter le monde. Il sortit de la Ville , & se representant que l'Hermite dont
j'ay parlé avoit esté aimé de son
Pere : Il faut , dit-il en luy-même , que j'aille trouver ce bon
homme , que je tâche de vivre
comme lui , & que je finisse mes
jours en sa compagnie. En arri-
vant à l'Hermitage , il jugea
que l'Hermite estoit mort , il
le regretta , & choisit ce lieu
pour sa retraite. Il y avoit
dans cet hermitage un puits ,
dans lequel ne trouvant point
d'eau , il descendit au fonds pour
voir ce qui bouchoit la source :
Il y trouva le trésor de son pere,il
en rendit graces à Dieu , & dit :
Quoiqu'il y ait dans ce trésor
d'immenses richesses , il faut que

je les dépense avec moderation.

D'un autre côté son frere étoit
assis sur le trône, sans se soucier
ni du peuple ni de l'armée, s'i-
maginant que le trésor de son
Pere estoit enterré dans le Palais,
ainsi qu'il le lui avoit dit en
mourant. Un jour un de ses voisins lui ayant déclaré la guerre,
il fut obligé d'avoir recours au
prétendu trésor : mais il fut bien
étonné de ne rien trouver : ce
qui le mettant hors d'état de lever une grosse armée, le chagri-
noit beaucoup : Faisant toutes-
fois de nécessité vertu, il amassa
le plus de troupes qu'il put, avec
lesquelles il sortit de la Ville pour
repousser l'ennemi. Il y eut un
combat opiniâtre, le Roy fut
tué d'un coup de fléche, & son
ennemi aussi ; de sorte que les
deux armées troublées alloient
s'entretailler en piéces : mais à
la fin les Generaux estant con-

venus ensemble qu'il faloit choisir un Prince doux & affable
pour gouverner l'Etat, ils allerent chercher celui qui s'estoit
retiré d'ans l'hermitage, le con-
duisirent avec pompe au Palais
Royal, & le mirent sur le
tróne.

Cette Fable fait voir qu'il
vaut mieux se reposer sur le destin & la Providence, que de se
tourmenter pour l'acquisition
d'une chose qui ne nous est pas
destinée. Lorsque ce garçon eut
achevé de conter sa Fable, le
Pere dit : Cela est vrai ; mais tous
les accidens ont des causes ; &
celui qui sans les considerer, se
fie à la Providence, a besoin d'a-
prendre la Fable qui suit.

FABLE

D'un Dervich, d'un Faucon, & d'un Corbeau.

UN Dervich paſſant par un Bois, & conſiderant les merveilles de Dieu & de la Nature, vit un Faucon qui tenoit un morceau de chair en ſon bec, & qui voltigeant autour d'un nid, mettoit cette viande en piéces, & la donnoit à un Corbeau tout pelé, qui eſtoit dans ce 'nid. Le Dervich admira la Providence Divine : Choſe admirable, dit-il ; Celui même qui ne peut chercher de quoy ſubſiſter, n'eſt pas délaiſſé de Dieu, qu'on peut appeller la Table du monde à laquelle mangent toutes les creatures amies, & ennemis. Il étend ſi loin ſes liberalités, que le Griffon même trouve de quoy vivre dans la montagne de Caf. Pourquoi donc suis-je si avare, & pourquoi veux-je courir au bout de la terre, & traverfer les mers pour avoir du pain? Ne vaut-il pas mieux que je me tienne deformais en repos dans un petit coin, & que je m'abandonne au deftin. Il fe retira donc dans fa maifon, où fans fe mettre en peine de rien, il demeura durant trois jours & trois nuits, fans manger. A la fin Dieu lui dit: O mon ferviteur, fçache que toutes les chofes de ce monde ont des caufes; & quoique ma Providence ne puiffe eftre limitée, ma Sageffe pourtant veut qu'on fuive les moyens que je leur ay ordonnez. Si tu veux imiter quelqu'un des Oifeaux, imite le Faucon qui nourrit le Corbeau, & non pas le Corbeau qui demeure lâchement dans fon nid,

nid, & attend fa nourriture d'un autre.

Cet exemple vous montre qu'il ne faut pas mener une vie fai-neante, fous prétexte de la Pro-vidence. Le fecond fils ayant pris la parole, dit : Mon pere, vous nous confeillez de travail-ler à acquerir du bien ; mais quand nous l'aurons amaffé, qu'eft-ce que nous en ferons ? Il eft facile de l'acquerir, dit le pere, mais difficile de le bien dépenfer, & de le conferver. Les richeffes font quelquesfois tres-funeftes, comme on le peut voir par cette Fable.

F A B L E

D'un Laboureur, & de plufieurs Rats.

UN Villageois avoit du bled dans un grenier bien fermé,

F

autour duquel demeuroit un Rat
qui faifoit des trous de tous côtez
pour trouver de quoi vivre: il en
fit tant, qu'il perça jufqu'au grenier. Quand il vit ce tréfor, il
courut fort joyeux en donner
avis à plufieurs autres Rats : ils
lui firent tous des offres de fervices, ne lui parlant que de
chofes agreables & conformes à
fon humeur. Le fot prenant cela pour argent comptant, eftoit
tres-fatisfait de fa perfonne ; &
fans fonger que ce bled ne du-
reroit pas toûjours, il commença de faire le liberal au dépens
du Laboureur, traitant chaque
jour fomptueufement fes Courti-
fans : mais il arriva dans ce tems-
là une fi grande famine, que les
pauvres crioient au pain, pendant que le Rat faifoit bonne chere. Le Villageois voyant cette
difette, ouvrit la porte de fon
grenier, & trouvant fon bled

fort diminüé, se mit en colere, & transporta ailleurs le peu qui restoit. Le Rat qui se tenoit pour maître de ce grenier, dormoit alors, mais ses camarades estoient éveillez, & voyant le Villageois aller & venir, se douterent de l'affaire : Aussi-tost chacun s'enfuit, laissant le Rat duppé, endormi. Les amis de table en usent ainsi : pendant que vous estes à vôtre aise, ils sont des vôtres ; si vous cessez de l'estre, tous vous abandonnent. Le lendemain le Rat s'éveillant, fut étonné de ne voir aucun de ses flateurs autour de lui ; il sortit de son trou pour en sçavoir la cause : il alla dans le grenier, où ne trouvant pas seulement de quoy passer cette journée, il entra dans un vif desespoir, & donna tant de fois de la teste contre une pierre, qu'il se tüa, & finit ainsi ses jours. Cet exemple nous

F ij

aprend qu'il faut vivre felon fes rentes.

Le plus jeune des trois freres dit à fon tour : Mon pere, aprés qu'on a bien acquis des richeffes, que faut-il donc faire ? Il s'en faut fervir felon la juftice en toutes occafions, & principalement pour la vie. En premier lieu, il ne faut pas faire de telles dépenfes, qu'on les puiffe regretter, & qu'on foit blâmé de prodigalité; Secondement, il ne faut point par fon avarice fe rendre odieux à tout le monde.

Le pere ayant exhorté fes enfans à fuivre fes confeils, ils fongerent à s'établir : L'aîné fe jetta dans le Negoce, & alla dans les païs étrangers; il avoit entre autres marchandifes deux Bœufs nez d'une même Vache, qui eftoient forts & beaux; l'un s'appelloit Cohotorbé, & l'autre Mandebé : Le Marchand avoit

grand soin de les bien nourrir ;
mais comme le voyage estoit
long , ils devinrent foibles &
maigres. Ils rencontrerent par
malheur en chemin un bourbier,
dans lequel Cohotorbé demeura
engagé ; le Marchand neanmoins
fit si bien qu'il l'en tira : mais
Cohotorbé se trouva si foible ,
que ne pouvant se soutenir , on
fut obligé de le laisser sous la
garde d'un homme , jusqu'à ce
qu'il eût repris assez de force
pour continüer la caravane : mais
cet homme aprés avoir passé
trois jours tout seul dans les deserts, s'ennüia ; & laissant Cohotorbé en cet endroit , porta la
nouvelle de sa mort au Marchand.
Peu de tems aprés Mandebé mourut de fatigue ; & Cohotorbé au
contraire ayant repris son em-
bonpoint , commença de se
promener de tous côtez : Il entra dans un pré qui lui parut

ſi agreable, qu'il y demeura quelque tems, paiſſant à ſon aiſe : ce qui le rendit plus beau & plus gras qu'il n'avoit jamais eſté. Il y avoit aux environs de ce pré un Lion qui faiſoit trembler tous les Habitans des Bois d'alentour: il commandoit à pluſieurs autres Lions, qui croioient qu'il eſtoit le plus puiſſant Souverain du monde. Veritablement il eſtoit redoutable ; mais d'abord qu'il entendit le mugiſſement du Bœuf qu'il n'avoit jamais oüi, il ſe ſentit ſaiſi d'une fraïeur mortelle : neanmoins afin que ſes Courtiſans ne s'en aperceuſſent pas, il affecta de ne plus ſortir de ſon Palais. Il avoit parmi ſes domeſtiques deux Renards extrémement ruſez, dont l'un ſe nommoit Kalile, & l'autre Damna : ce dernier, qui eſtoit le maſle, avoit plus de fierté & d'ambition que l'autre : Un jour il dit à ſa

femme , Que dites-vous de nôtre Roi , qui n'ofe plus fe promener comme il faifoit ? Il ne
fort plus. Kalile lui répondit ,
Pourquoi me demandez - vous
cela ? contentez-vous de mener
une vie tranquile fous fa protection, fans examiner ce qu'il fait.
Il ne nous apartient pas de parler des affaires d'Etat : & quicon-
qué voudra fe mefler des chofes
qui ne le regardent pas, court le
danger que courut le Singe.

FABLE

D'un Menuifier , & d'un Singe.

UN Singe vit un Menuifier
monté fur une poutre, qui
fcioit un ais , avec deux gros
clous qu'il mettoit l'un aprés
l'autre dans la fente qu'il faifoit
pour avoir plus de facilité à fcier.

Le Menuisier ayant quitté son ouvrage, le Singe ne voyant personne sur la poutre, y monta,
tira un des clous qui estoit dans
la fente, sans y mettre l'autre ;
en même tems les deux ais se joi-
gnirent, & attraperent les deux
pieds du pauvre Singe qui se trouva pris, & que le Menuisier as-
somma à son retour.

Cette Fable nous enseigne que
nous ne devons pas nous mesler
des affaires d'autrui. Damna prit
la parole, & dit qu'il ne faloit pas
estre desœuvré auprés des Rois.
On doit, poursuivit-il, tâcher
de s'élever. Ne sçavez-vous pas
la Fable de ces deux compagnons,
dont l'un par son travail parvint
à la Couronne ; & l'autre, pour
avoir esté faineant, tomba dans
une extréme necessité.

FABLE

FABLE

De deux Voyageurs, & d'un Lion de pierre blanche.

IL y eut autrefois deux amis qui résolurent de ne se point quitter : ils voyageoient ensemble, lors qu'ils rencontrerent une fort belle fontaine au pied d'une montagne : le lieu leur pa ru trop agreable pour ne s'y reposer pas. Aprés s'estre délassez, ils se mirent à considerer tout ce qu'il y avoit de plus beau aux environs. Ils jetterent par hazard la vûë sur une pierre blanche, où ils remarquerent une écriture en lettres d'azur, qui contenoit ces paroles:

Voyageurs, nous vous avons préparé un excellent festin pour vôtre bienvenuë, mais il faut vous jetter hardiment dans cette

G

fontaine, & paſſer de l'autre côté, où vous rencontrerez un Lion de pierre blanche, que vous prendrez ſur vos épaules, & porterez tout d'une courſe au haut de cette montagne, ſans craindre les beſtes feroces qui vous aborderont, ni les épines qui vous piqueront; parce qu'auſ-ſi-toſt que vous ſerez ſur la cime, vous poſſederez un parfait bon-heur. Si on ne marche, on n'arrive point au gîte; & ſi on ne travaille, on n'a jamais ce qu'on déſire.

Ganem, c'eſtoit le nom de l'un des deux, dit à l'autre qui s'ap-pelloit Salem · Frere, voici un moyen de terminer nos courſes & nos peines; prenons courage, & voyons ſi ce que contient ce Taliſman, eſt faux, ou veritable. Salem répondit : Cher ami, il n'eſt pas d'un homme d'eſprit d'a-joûter foi à une ſimple écriture,

& sous prétexte d'un grand gain, de s'aller jetter dans un peril évident. Ami, dit Ganem, ceux qui ont tât soit peu de courage méprisent les danger pour se rendre heureux: on ne sçauroit cueillir la rose sans estre piqué des épines ! Mais, repliqua Salem, il faut entreprendre les choses de maniere, que comme on en sçait le commencement, on en sçache aussi la fin, & non pas se précipiter dans cette fontaine qui paroist estre un abîme, & d'où il me semble qu'il ne sera pas aisé de sortir. Un homme raisonnable ne remuë jamais un de ses pieds que l'autre ne soit asseuré : Peut être que cette écriture est faite à plaisir, & quand elle ne le seroit pas, peut-être que lorsque vous aurez passé ce petit lac, ce Lion de pierre se trouvera si pesant, que vous ne le pourrez porter d'une course au haut de la montagne. Mais suppofons que tout cela vous foit aifé ; quand vous aurez tout fait de votre côté, vous n'en fçavez pas la fin. Pour moi, je ne veux pas partager avec vous les perils de cette entreprife, & je tâcherai même de vous en détourner. Les difcours des hommes, repartit Ganem, ne me feront pas changer de deffein ; & fi vous ne voulez pas me fuivre, ami, du moins prenez plaifir à me regarder. Salem le voyant dans cette réfolution, s'écria : Cher ami, vous ne voulez pas me croire, je n'ay pas la force d'eftre témoin de vôtre perte ; & auffi-toft il fe mit à continüer fon chemin. Ganem cependant vient au bord de la fontaine, s'y plonge réfolu de perir, ou de raporter quelque belle perle. Il trouva que c'eftoit un abîme ; mais ne perdant pas courage, à force de nager il arriva à bord. Il prit un peu haleine : aprés cela venant au Lion de pierre, il le leva de toute sa force, & d'une course le porta sur le sommet de la montagne. De là il aperceut une fort belle Ville bien située ; mais pendant qu'il la consideroit, il sortit du Lion de pierre un bruit si effroyable, que la montagne & les lieux d'alentour en tremblerent. Ce cry n'eut pas plûtost frappé l'oreille des Citoyens de cette Ville, qu'ils vinrent tous où estoit Ganem, qui ne fut pas peu étonné de les voir. Ils s'aprecherent de lui, & quelques-uns des plus apparens l'aborderent avec de grandes reverences; & aprés lui avoir donné beaucoup de loüanges, ils le mirent sur un fort beau cheval richement paré : Ils le menerent ensuite à la Ville, où ils le laverent avec de l'eau rose, lui firent prendre des habits Royaux, & le proclamerent Roi de tout le païs. Il demanda le sujet de son él.ction, on lui dit que les Doctes du païs avoient fait un Talisman dans la Fontaine qu'il avoit passée, & sur le Lion qu'il avoit porté au haut de la montagne ; de sorte que quand leur Roi estoit mort, & que quelqu'un osoit s'exposer au hazard qu'il avoit couru, aussi-tost le Lion faisoit un cri, au bruit duquel les Habitans l'aloient chercher pour l'élever sur le trône. Il y a long-tems, poursuivirent-ils que cette coûtume dure ; & puisque le sort est tombé sur Vôtre Majesté, regnez absolument. Ganem alors fut bien-aise de voir ses peines si bien recompensées.

Je vous ay raconté cette Fable pour vous aprendre qu'on ne peut goûter les plaisirs sans peine. C'est pourquoi je ne veux pas me repoſer que je ne ſois devenu un des plus grands Seigneurs de la Cour. Kalile lui demanda par quel moyen il prétendoit ſe pouſſer. Le Lion, lui répondit Damna, paroiſt ſaiſi d'étonnement, je veux le tirer d'in.. quiétude. Comment, reprit Kalile, pourras-tu donner des conſeils au Roi, toi qui n'as jamais eſté parmi les Princes? Les perſonnes d'eſprit, repliqua Damna, ne manquent jamais d'induſtrie pour parvenir à leurs deſſeins. Un jour un Artiſan qui par ſa vertu avoit gagné un Royaume, receut une Lettre d'un Roi voiſin, qui luy mandoit : *Toi qui n'as jamais manié qu'un rabot ou une hache, peux tu te meſler de conduire un Etat?* Le Charpentier lui répondit : Celui qui m'a donné l'eſprit de conduire une ſcie, me donnera auſſi le jugement de conduire une armée.

Les Rois , dit Kalile , ne cheriſ-
ſent pas toûjours ceux qui ont du
genie & du mérite , mais ſeulement leurs plus vieux domeſtiques , & ceux qui ont rendu ou
rendent quelque ſervice important à l'Etat ; & puiſque vous
eſtes dans la Maiſon du Roi un
ſerviteur nouveau & aſſez inutile,
que prétendez-vous faire ? J'eſ-
pere , répondit Damna , avoir
une Charge plus conſiderable que
la mienne ; & je ſçay bien que
qui veut s'introduire dans les Ca-
binets , doit avoir ces cinq choſes : Ne ſe mettre jamais en colere , n'avoir point de fierté , n'ê-
tre pas avare , eſtre ſincere , &
ne s'étonner pas des changemens
de la fortune. Hé bien , reprit
Kalile, ſuppoſons qne vous ſoyez
favori du Roi , quelles vertus
voulez-vous pratiquer pour ga-
gner ſon eſtime ? Je ſerviray , repartit Damna , tres-fidellement ,

j'obéïray parfaitement, & quelques actions que le Roy fasse, je croiray toûjours ses intentions bonnes ; je le porteray à faire le bien qu'il aura commencé, lui montrant le profit qu'il en peut tirer, & je le détourneray de faire tout ce qui seroit préjudiciable à lui ou à son Etat. Je voy bien dit Kalile, que tu es résolu d'executer ton dessein; mais prens garde à ce que tu feras, car le service des Rois est plein de perils. Les sages disent que trois sortes de gens sont privez de jugement, ceux qui aspirent aux Charges dans la maison des Rois, ceux qui prennent du poison, pour faire voir l'excellence d'un remede ; & ceux qui confient leurs secrets aux femmes. On compare un Roi à une haute montagne sur laquelle il y a des mines de pierreries, & des bestes devorantes ; il est difficile de l'a-

border, & encore plus de l'habiter.
Les Rois font encore comparez à
une vafte mer, fur laquelle les voïa-
geurs font fortune ou periffent.
Je fçay bien , dit à fon tour Damna, que les Rois reprefentent un
feu , auprés duquel on court rif-
que de fe brûler : mais qui craint
le hazard n'eft capable de rien.
Aprés cette converfation Damna
alla trouver le Roi , & lui fit une
grande reverence. Le Lion demanda , qui eft-ce ? On lui répondit, c'eft un tel , fon pere a
fervi long-tems voftre Majefté.
Le Roi dit, je m'en fouviens : où
demeurez-vous ? Je remplis dans
voftre maifon la place de mon
pere , répondit Damna , & jufqu'à ce jour je n'ay ofé prendre
la liberté de me prefenter devant voftre Majefté pour lui offrir
mes fervices : J'efpere que vous
ne les dédaignerez pas , quoique je fois une creature fort ab-

jecte. Le bois sec en ce monde est autant estimé que les Rosiers & les arbres fruitiers. Le Lion fut charmé de l'éloquence de Damna, & regardant tous ses Courtisans, il leur dit : L'esprit est comme le feu, qui ne laisse pas de paroistre quoiqu'il soit caché sous la cendre. Damna eut tant de joye d'avoir fait un compliment que le Roi avoit trouvé beau, qu'il prit son tems, & demanda un jour une audience secrete : le Roi la lui accorda ; & quand ils furent tous deux seuls : Sire, lui dit Damna, je supplie vostre Majesté de m'aprendre la cause de sa solitude : depuis quelques jours vous n'estes pas si guay qu'à l'ordinaire. Le Lion voulut d'abord lui cacher sa crainte ; mais il entendit mugir Chotorbé : ce qui le troubla de façon qu'il se vit obligé de dire à Damna que ce cri estoit la cause de ses inquietudes.

Je m'imagine , dit le Roi, que le
corps de l'animal que j'entens crier
de la forte doit eftre proportionné
à fa voix ; & cela eftant, c'eft une
folie à nous de vouloir demeurer
dans ces lieux. N'y a-t'il que cela
qui vous faffe de la peine, dit Damna ? Non , répondit le Lion. Il
ne faut pas, Sire, reprit Damna ,
quitter voftre demeure pour cela. Un Roi ne doit pas craindre
ur e fimple voix , il doit au contraire s'affermir davantage. Ceux
qui ont les plus groffes voix , &
qui font les plus gros , ne font
pas les plus forts. Une Gruë malgré fa groffeur eft plus foible que
le moindre Faucon : & qui s'a-
refte à la groffeur fe peut trom-
per comme le Renard. Quel Renard , interrompit le Lion?

FABLE

D'un Renard, & d'une Poule.

SIre, pourſuivit Damna, il y avoit dans un Bois un Renard qui cherchoit de tous coſtez de quoi manger : il vit au pied d'un arbre une Poule qui grattoit la terre : mais un tambour qui eſtoit pendu à cet arbre faiſoit du bruit toutes les fois que les branches agitées par le vent le touchoient. Le Renard aloit ſe jetter ſur la Poule lors qu'il entendit le bruit du tambour : Ho, ho, dit-il en le regardant, ce corps doit avoir de la chair à proportion de ſa grandeur, & vaut mieux que la poule. En diſant cela il monta dans l'arbre, & la poule le voyant monter, s'enfuit. Il fit tous ſes efforts pour déchirer le tambour : l'ayant crevé , il fut fort furpris de n'y trouver qu'une fimple peau. Alors pouffant des foupirs , il s'écria : Malheureux que je fuis ! j'ay perdu un morceau délicat pour l'aparence d'un morceau plus gros.

J'ay raporté cet exemple , afin que voftre Majefté ne foit plus épouvantée de la groffe voix que nous entendons ; & fi vous voulez, j'iray reconnoiftre ce que c'eft. Le Lion y confentit ; mais quand Damna fut parti , il fe repentit de l'avoir envoyé. Il ne faut jamais, dit-il en lui-même , qu'un Roi découvre fes fecrets à dix fortes de perfonnes ; 1. à ceux qu'il a maltraitez injuftement , 2. à ceux qui ont perdu leurs biens ou leur honneur à la Cour , 3. à ceux à qui on a ofté leurs Charges , & qui font fans efperance de les r'avoir, 4. à ceux qui n'aiment que le trouble & la fedition , 5. à ceux qui voyent leurs parens ou alliez dans des dignitez dont ils sont exclus, 6. à ceux qui ayant commis un crime, en ont esté punis plus rigoureusement que d'autres qui seront tombez dans la même faute, 7. à ceux qui ont bien servi & qui ont esté mal recompensez, 8. aux ennemis reconciliez par force, 9. à ceux qui s'imaginent que la ruine du Roi leur sera avantageuse, 10. à ceux enfin qui se croyent moins obligez à leur Prince qu'à son ennemi. J'ay donc agi imprudemment d'avoir découvert le sujet de mes inquietudes à Damna. Pendant que le Roi faisoit ces reflexions, il vit arriver Damna qui lui aprit que celui qui faisoit tant de bruit, n'estoit rien autre chose qu'un Bœuf, qui paissoit dans un pré sans autre dessein que de manger & de dormir. Si vostre Majesté le trouve bon, ajoûta Damna, je ferai en sorte qu'il viendra se met-

tre au nombre de vos serviteurs.
Le Lion se réjouit fort de ce discours , & fit signe à Damna de
lui amener ce Bœuf. Damna alla
trouver Chotorbé , & lui demanda d'où il venoit, & par quel hazard il s'estoit arresté en ces lieux.
Chotorbé contenta la curiosité
de Damna, qui lui dit : Il y a ici
un Lion qui est Roi de tous les
animaux du païs ; il m'a donné
ordre de te conduire à son Palais:
si tu veux me suivre, je te promets d'obtenir de lui qu'il te re-
çoive à son service , & qu'il te
prenne sous sa protection ; mais si
tu refuses de venir avec moi, sçaches que tu ne seras pas long-tems
en vie. D'abord que le Bœuf entendit prononcer le nom de Lion,
il trembla de peur, & répondit à
Damna : Si tu m'assures qu'il ne
me sera fait aucun mal , je te suivrai. Damna le lui jura , & Chotorbé sur la foi de ses sermens consentit

sentit d'aler trouver le Lion. Damna courut avertir le Roi de la venuë de Chotorbé, qui arriva bien-toſt : Il fit une grande reverence au Lion, qui le receut fort bien, & lui demanda comment il eſtoit entré dans ſes Etats. Le Bœuf lui raconta ſes avantures, aprés quoi le Lion lui dit : Demeurez ici, & vivez paiſiblement : parce que je permets à un chacun de vivre en repos ſur mes terres. Le Bœuf l'ayant remercié de ce bon accueil, promit de le ſervir avec fidelité : ce qu'il faiſoit ſi bien, que de jour en jour il eſtoit de plus en plus aimé du Roi. Enfin Chotorbé s'inſinüa tellement dans ſon eſprit, qu'il gagna la confiance de ſa Majeſté, dont il devint le plus cher favori.

Lorſque Damna vit que Chotorbé eſtoit mieux en Cour que lui, & qu'il eſtoit même l'unique dépositaire des secrets du Roi, il en conceut une si grande jalousie, qu'il en perdit le repos, & peu s'en falut qu'il n'en perdît la vie. Il alla se plaindre à Kalile. O mon cher ami, lui dit-il, j'ai pris des peines inutiles à me mettre bien dans l'esprit du Roi, je lui ai amené l'objet qui lui cau'oit tant d'inquietudes, & c'est presentement ce Bœuf qui cause les miennes. Kalile lui répondit : Vous ne devez pas vous plaindre de ce que vous avez fait, ou bien plaignez-vous de vous seul : il vous est arrivé ce qui arriva autrefois à un Moine.

FABLE

D'un Moine qui sortit de son Convent.

UN Roi fit present à un Moine d'un habit fort riche. Un

voleur qui en fut averti, se servit d'un plaisant artifice pour l'attraper. Il alla trouver le Moine dans son Convent, sous prétexte de vouloir passer le reste de ses jours à le servir. Le Moine ravi d'avoir un Novice qui paroissoit de si bonne volonté, le receut volontiers; mais le voleur à la premiere occasion déroba l'habit, & l'emporta. Le Moine ne voyant plus ni son habit ni son Novice, se douta de l'affaire, sortit du Convent, & courut chercher dans la ville l'auteur du larcin. Chemin faisant il rencontra deux moutons qui se battoient l'un contre l'autre, & s'entredonnoient de si furieux coups de corne, que le sang couloit de tous costez. Un Renard, qui estoit témoin du combat, léchoit le sang; mais en le léchant il receut un si terrible coup de corne, qu'il demeura sur la place. Le Moine s'arresta trop

H ij

long - tems à confiderer cette
action ; lors qu'il arriva à la ville
il en trouva les portes fermées.
Une femme du Fauxbourg regardant par une feneftre l'aperceut ;
& jugeant qu'il cherchoit un gîte,
l'apella, & lui offrit fa maifon. Le
Moine accepta l'offre de bon
cœur , entra dans le logis , & fe
mit dans un coin à dire fes oraifons ordinaires. Cette femme eftoit
de mauvaife vie, elle entretenoit
plufieurs belles filles , dont elle
vendoit les faveurs aux hommes.
Il y en avoit une parmi elles qui
eftoit aimée d'un jeune Gentil-
homme qui eftoit fi jaloux qu'il
ne pouvoit fouffrir de competi-
teur : ce qui ne plaifoit point à
ceux qui en eftoient amoureux
auffi-bien que lui : & ce qui fut
caufe qu'ils propoferent à cette
fille de fe défaire de ce jeune
homme. Comme elle le craignoit
plus qu'elle ne l'aimoit, elle écou-

ta la proposition, enyvra le jaloux, & cette nuit-là même pendant qu'il dormoit, lui souffla du
poison dans le nez. Le jeune homme se sentant chatoüiller, éter-
nua, mais de manière que tout
le poison entra dans la bouche de
la courtisane qui l'avala, & qui en
mourut à l'heure même. Le pauvre Moine estoit fort étonné de
voir tout cela, & cette nuit lui
parut extrémement longue.

Enfin le jour estant venu, il se
sauva d'un lieu si dangereux, &
alla loger chez un Cordonnier,
qui le receut à bras ouverts, &
qui ne pouvant se dispenser de se
trouver à un festin auquel il estoit
convié, recommanda à ses gens
de le bien traiter. La femme du
Cordonnier avoit un Amant bien
fait & de bonne humeur, & ils
se voyoient tous deux par l'entre-
mise de la femme d'un Chirurgien, qui estoit une intriguante

ſi artificieuſe , qu'elle auroit accordé l'eau avec le feu , & ſi fla-
teuſe & ſi adroite , qu'elle auroit
fait croire qu'une pierre eſtoit
de la cire. Quand la Cordonniere vit ſon mari dehors , elle ſe
ſervit de cette intriguante pour
avertir ſon galant de l'abſence du
mari , & pour lui dire qu'il y avoit
moyen de prendre du bon tems
ſans rien craindre. L'Amant ne
manqua pas de ſe trouver à la
porte ; mais dans le tems qu'il
heurtoit , le Cordonnier arriva ,
& rencontrant un homme dont
il avoit déja quelque ſoupçon , il
entra ſans parler , battit ſa femme , l'attacha à un pilier , & puis
ſe coucha. Durant qu'il dormoit
la femme du Chirurgien qui ne
ſçavoit rien de cela , entra dans
le logis , & dit à la Cordonniere:
Pourquoi , ma ſœur , faites-vous
tant attendre ce jeune homme à
la porte ? allez-le trouver ; La

Cordonniere lui répondit tout bas : Je croi que quelque demon a fait revenir mon mari dans une si grande furie, qu'il ne s'est pas contenté de me roüer de coups, il m'a encore attaché à cette colonne : si vous voulez faire une action charitable, vous me détacherez, & vous vous met‑trez en ma place, pendant que j'irai demander pardon à ce cher Ami de l'avoir tant fait attendre; aprés cela je reviendrai me re‑mettre à l'attache. La Chirur‑gienne touchée de compassion ne fit aucune difficulté de se mettre à la place de la Cordonniere, qui alla tenir la parole qu'elle avoit donné à son galant.

Le Moine qui avoit oüi tous ces discours, n'accusa plus le Cor‑donnier de cruauté, & vit bien qu'il n'avoit pas eu tort de battre sa femme ; ce qu'il croyoit avant l'entrée de la Chirurgienne. Ce‑

pendant le Cordonnier se réveilla, & apella sa femme ; La Chirurgienne craignant d'être reconnuë à sa voix, ne répondit point:
ce qui le mit dans une si grande
colere, qu'il prit un couteau, &
vint couper le nez à sa femme,
comme il se l'imaginoit ; Le tenant dans sa main, il lui dit d'un
ton railleur : Voici un present
qu'il faut envoyer à ton drole. La
pauvre Chirurgienne n'osoit soupirer de crainte, & disoit en elle-
même, Voici une mauvaise avanture, pendant que la Cordonniere est entre les bras de son Amy,
je souffre ici pour elle la peine
qu'elle merite. La femme du Cordonnier à son retour fort surpri-
se de trouver sa fidele amie sans
nez, lui demanda mille fois pardon, la détacha, & se mit au
pilier ; & la Chirurgienne retourna chez elle, tenant son nez dans
la main. Quelques heures aprés
quand

quand la Cordonniere crut que ſon mari pouvoit l'entendre, elle leva les mains au Ciel, diſant : O Dieu tout-puiſſant, qui connoiſ-ſez les ſecrets d'un chacun ; vous ſçavez bien que mon mari m'a maltraitée injuſtement ; faites lui voir que je ſuis femme de bien, en m'oſtant du viſage cette dif-formité, & en rendant mon nez comme il eſtoit auparavant. Le Cordonnier entendant cela, s'é-cria, O méchante, quelle prie-re oſes-tu faire ? Ignores-tu que les oraiſons qui ſortent d'une bouche impudique, ne parvien-nent pas juſqu'au trône de Dieu? il faut que les prieres partent d'une bouche pure & d'un cœur net, pour eſtre exaucées. O ti-ran, s'écria tout d'un coup la femme, leves-toi, & viens ad-mirer la puiſſance de Dieu, & l'excés de ſa bonté, qui me voyant innocente du crime dont

tu m'accuses, veut montrer ma
pureté, en me remettant le nez,
afin que je ne passe pas dans l'efprit du peuple pour une femme
deshonorée. Le Cordonnier ne
pouvant ajoûter foi à ce miracle,
se leve, allume de la chandelle,
va trouver sa femme, & ne
voyant sur son visage aucune
marque de l'action cruelle qu'il
croit avoir faite, il confesse
qu'il a eu tort de soupçonner la
vertu de sa femme ; il lui demande pardon, & s'efforce de lui
faire perdre par mille caresses le
souvenir de sa cruauté.

De son costé la femme du
Chirurgien qui s'en estoit allée
au logis bien affligée, comme
on le peut penser, se mit au lit
doucement auprés de son mari,
qui lui demanda en s'éveillant
son étui pour aller panser une
personne qu'il lui nomma : La
femme fut long-tems à chercher

ce qu'il vouloit avoir ; & quand elle vit qu'il s'impatientoit, elle lui donna un rafoir tout feul. Le Chirurgien ne l'eut pas plûtoft entre les mains, qu'il le jetta de colere contre fa femme, lui difant un million d'injures : Il n'eftoit pas encore jour, ce qui favorifoit le deffein de la Chirurgienne. Elle fe mit auffi-toft à crier au meurtre, & à fe jetter contre terre. Tous les voifins accoururent à fes cris, & la trouvant toute fanglante & fans nez, chacun commença de blâmer la violence du Chirurgien, qui ne fçavoit quelle contenance tenir, tant il eftoit étonné. Il ne fçavoit s'il devoit nier ou avoüer cette action : Cependant le matin on mena le Chirurgien devant le Juge. Le Moine dont nous avons parlé ayant affaire en ce lieu, s'y trouva auffi, & entendit plaider cette caufe.

Aprés l'accuſation, & les témoins oüis, le Juge demanda
au Chirurgien, Pourquoi avez-
vous ainſi maltraité voſtre femme ? Le Chirurgien ſaiſi d'étonnement, ne ſçachant que répondre, le Juge ſans l'interroger davantage, le condamna à la
mort : Mais le Moine auſſi-toſt
s'écria, Suſpendez voſtre Jugement, & prenez garde à cet
Arreſt : Ce n'eſt pas le voleur
qui a emporté ma robe, ni les
Moutons qui ont tué le Renard,
ni le jeune homme qui a em-
poiſonné la méchante femme :
ce n'eſt pas non plus le Cor-
donier qui a coupé le nez de
la Chirurgienne, mais c'eſt nous
mêmes qui nous ſommes attirez
ces malheurs. Alors le Juge laiſſa le Chirurgien ; & s'adreſſant
au Moine, lui demanda l'expli-
cation de cet énigme. Le Moine raconta tout ce qu'il avoit

vû ; & dit : Si je n'eusse pas pris cette robe par ambition, le voleur ne me l'eût pas dérobée ; si le Renard ne se fût jetté parmi les Moutons par gourmandise, il n'eût pas esté tué ; si la femme de mauvaise vie n'eût pas eu intention d'empoisonner ce jeune homme, elle ne seroit pas morte ; & si la femme de ce Chirurgien n'eût pas esté complice de la Cordonniere, elle n'auroit pas à present le nez coupé : De sorte que quiconque fait du mal, ne doit pas esperer du bien.

Je me suis servi de cet exemple, pour vous montrer que vous vous estes attiré vous même ces peines. Il est vrai, dit Damna, que j'en suis la cause ; mais je vous en demande le remede. Je vous ay averti dés le commencement, repliqua Kalile, que je ne voulois pas me

mesler de vos entreprises, & presentement même je ne me soucie
guere de vos inquiétudes. Songez tout seul à vos affaires, & au
parti que vous avez à prendre.
Je veux donc, reprit Damna,
faire tous mes efforts pour perdre le Bœuf ; & certes je ne vaux
pas moins que ce Passereau qui
se vengea d'un Epervier. Kalile
l'ayant prié de lui raconter cette Fable, il en fit le recit en ces
termes :

F A B L E

D'un Moineau, & d'un Epervier.

DEux Moineaux avoient fait
leur nid dessus la branche
d'un arbre, où ils avoient aussi
fait une petite provision pour
leurs petits ; mais un Epervier
qui avoit son nid au haut d'u-

ne montagne, au pied de laquelle estoit cet arbre, venoit
manger les petits moineaux : ce
qui fâchoit fort leur pere & leur
mere ; neanmoins ils éleverent
une fois si bien leurs petits,
qu'ils eurent le plaisir de les
voir prests à voler : le pere &
la mere par leurs gasoüillemens
en témoignoient leur joye ; mais
tout d'un coup ils tomberent
dans une grande tristesse : ce
qui fut causé par la crainte que
l'Epervier ne tuât encore ces petits, comme il avoit fait les autres. Le plus âgé de ces Moineaux demanda à son pere le
sujet de cette affliction : le pere
le lui ayant dit, il répondit, que
c'estoit une folie d'aller contre
son destin ; mais qu'il faloit chercher quelque moyen d'éloigner
un si dangereux voisin. Tous les
Moineaux aprouverent ce sentiment ; la mere alla querir de la

nourriture pour ſes petits, & le pere ſortit pour trouver quel-que remede à leurs maux. Aprés avoir long-tems volé, il dit en lui-même, Où iray-je, à qui conteray-je ma peine ? A la fin il réſolut de s'adreſſer au premier animal qu'il rencontreroit, & de le conſulter ſur cette affaire. Il aperceut une Salamandre qui ſe promenoit ; il fut d'abord effrayé d'une forme ſi extraordinaire, il ne changea pas toutefois de réſolution, il s'aprocha d'elle, & la ſalüa. La Salamandre qui eſtoit fort honneſte, lui fit un accüeil obligeant, & lui dit : Je te trouve bien triſte ; ſi c'eſt de laſſitude, repoſe-toi, & ſi c'eſt d'autre choſe, dis-le moi, afin que j'y rémédie, ſi je puis. Le Moineau raconta ſon malheur d'une maniere qui excita la compaſſion de la Salamandre : Elle eſſaya de le

confoler , & lui dit , Ne t'inquiéte plus, je te délivrerai d'un
fi méchant voifin cette nuit même ; montre - moi feulement fon
nid , & va te repofer avec tes
petits : ce que le Moineau fit ,
aprés avoir remercié la Salamandre de la part qu'elle prenoit à
fes malheurs. La nuit ne fut pas
plûtoft venuë , que la Salamandre & plufieurs de fes femblables
tenans chacune un morceau de
fouffre allumé , marcherent vers
le nid de l'Epervier , qui ne fe
doutant de rien , fut furpris par
les Salemandres , qui jetterent le
fouffre en fon nid, & le brûle-
rent avec tous fes petits.

Cet exemple vous aprend que
quiconque veut faire perir fon
ennemi , en vient à bout malgré
fa foibleffe. Mais Chotorbé eft
le premier favori du Roi , dit
Kalile , & il fera difficile de le
perdre : car quand les Rois fa-

ges ont donné leur confiance,
ils ne la retirent pas fur un fimple raport. On réprefentera au
Lion, reprit Damna, que l'une
des fix chofes qui caufent la ruine des Etats, & qui en eft la
principale, eft de ne fe pas foucier des hommes d'efprit & de
courage, & de les méprifer.
Quelles font les autres, dit Kalile ? La feconde, continüa Damna, eft de ne point châtier les
féditieux ; la troifiéme, de s'attacher trop aux femmes, au jeu,
& aux divertiffemens ; la quatriéme, les accidens d'une pefte,
famine, & tremblement de terre ; la cinquiéme, d'eftre trop
violent ; & la fixiéme enfin, de
préferer la guerre à la paix. Je
croy bien, dit Kalile, que vous
avez réfolu de vous venger : mais
fongez que quiconque médite de
faire du mal, il lui en arrive ;
& qu'au contraire celui qui veut

du bien à son prochain, réuſſit
dans tout ce qu'il entreprend,
comme vous l'allez voir par cette Fable.

F A B L E

D'un Roi qui de Tiran qu'il
eſtoit, devint doux & juſte.

IL y avoit un Roi qui ne faiſoit que tiranniſer le peuple :
Il ruinoit les riches, maltraitoit
les pauvres; de maniere que jour
& nuit tous ſes ſujets prioient le
Ciel de les en délivrer. Un jour
qu'il revenoit de la chaſſe, il
aſſembla ſon peuple, & lui dit :
O mon peuple, juſqu'à preſent
la cauſe de mes tirannies vous a
eſté inconnuë; mais je vous aſ-
ſure que deſormais vous vivrez
en repos, & perſonne n'oſera
vous maltraiter. Le pauvre peuple fut extrémement réjoüi de

cette bonne nouvelle, & cessa de
faire des vœux contre son Roi.

En effet, ce Prince changea
tellement de conduite, qu'il
s'acquit le titre de juste, & chacun commença à benir le bonheur de son Regne. Un de ses
favoris un jour lui ayant demandé la cause d'un si prompt & si
grand changement, le Roi répondit : L'autre jour estant à la
chasse, je vis un Chien qui
poursuivoit un Renard, & qui
aprés l'avoir joint, lui rompit
l'os du pied : Le Renard tout
boittant se sauva dans un trou.
Le Chien ne pouvant l'en arracher, l'y laissa ; mais à peine
avoit-il fait cent pas, qu'il rencontra un homme qui lui jetta
une pierre, & lui cassa la jam-
be. Cet homme presque dans le
moment fit rencontre d'un cheval qui lui marcha sur le pied,
& le lui rompit : & le cheval

bien-toſt aprés s'engagea le pied entre deux pierres, & le rompit auſſi , en le retirant. Alors , pourſuivit le Roi, je dis en moi-même , on eſt traité comme on traite les autres. Quiconque fait ce qu'il ne devroit pas faire, re-çoit ce qu'il ne voudroit pas recevoir.

Cet exemple vous montre que ceux qui ont intention de nui-re , en ſont punis. Si vous en-treprenez de perdre Chotorbé, vous vous en repentirez : il eſt plus fort que vous , & a plus d'amis que vous. L'eſprit vient à bout de la force , repartit Damna ; & cette Fable va t'en convaincre.

FABLE

D'un Corbeau, d'un Renard, & d'un Serpent.

UN Corbeau avoit fait son nid dans la fente d'une montagne, & toutes les fois qu'il faisoit des petits, un Serpent les venoit manger. Le Corbeau s'en plaignit à un Renard de ses amis, & lui dit : Que me conseilles-tu de faire pour me délivrer du Serpent ? Dans quelle résolution es-tu, lui demanda le Renard ? Je suis résolu, répondit le Corbeau, de lui aller arracher les yeux lors' qu'il sera bien endormi, afin qu'il ne trouve plus le chemin de mon nid. Le Renard blâma ce dessein, & dit au Corbeau, Qu'une personne d'esprit devoit se venger de maniere qu'en se vengeant il ne lui

pût arriver aucun mal. Ne te
mets pas , ajoûta - t'il , au hazard d'éprouver le malheur qui
arriva à une Gruë dont je te vais
conter la Fable.

FABLE

D'une Gruë , & d'une Ecreviſſe.

UNe Gruë demeuroit au
bord d'un étang, & vivoit
des poiſſons qu'elle pouvoit attraper ; mais eſtant devenuë
vieille & foible , elle ne pouvoit
plus peſcher : ce qui la chagri-
noit fort. J'ay mal fait, diſoit-
elle, de n'avoir pas pourvû aux
choſes neceſſaires pour paſſer
agreablement ma vieilleſſe : Il
faut me ſervir d'artifice pour
ſubſiſter. Elle alla ſe p'acer au
bord de l'eau , & commença de
ſoupirer & de pleurer. Une Ecre-

viſſe l'ayant aperceuë de loin, s'aprocha d'elle, & lui demanda le ſujet de ſes pleurs. Comment ne ſerois-je pas affligée, répondit la Gruë, je ſuis ſur le point de me voir enlever ma nourriture ordinaire. Deux peſcheurs viennent de paſſer par ici, l'un a dit à l'autre, Il y a ici beaucoup de poiſſons, il les faut prendre ; ſon compagnon a répondu, il y en a davantage en un tel lieu, allons-y premierement, & puis nous viendrons ici. Si cela eſt, ajoûta la Gruë, il faut que je me diſpoſe à mourir. L'Ecreviſſe ayant entendu cela, alla trover les poiſſons, & leur fit part de cette mauvaiſe nouvelle. Les pauvres poiſſons troublez nagerent promptement vers la Gruë, & lui dirent : Vous nous voyez dans une ſi grande conſternation, que nous venons vous prier de nous

mettre

mettre en seureté. Quoique vous soyez noftre ennemie, neanmoins les Sages difent que celui qui fe refugie chez fon ennemi, doit eftre affuré qu'il n'en fea pas mal receu. Vous avoüez que nous vous fervons de nourriture, voyez donc ce que vous jugez à propos que nous faffions. La Gruë leur dit : J'ay oüi ce que vous fçavez de la bouche des Pefcheurs ; nous n'avons pas le pouvoir de nous y oppofer, & je ne fçay pas d'autre moyen de vous en garantir, qu'en vous tranfportant tous, l'un aprés l'autre, en un petit étang qui eft ici prés, où il y a de fort belle eau, & où les pefcheurs ne peuvent vous prendre à caufe de la profondeur. Les poiffons trouverent ce confeil bon, & prierent la Gruë de les porter l'un aprés l'autre dans cet étang. Tous les matins elle ne man-

quoit pas d'en prendre trois ou
quatre, mais elle les portoit sur
une petite coline, où elle les
mangeoit : Ainsi elle passa quelque tems à faire bonne chere.
Un jour l'Ecrevisse eut envie
d'aller voir ce bel étang, elle
fit part de sa curiosité à la Gruë,
qui se representant que l'Ecrevisse estoit sa plus grande ennemie, résolut de la tuer comme
les autres. Dans ce dessein, elle
la prit sur son coû, & vola vers
la coline, mais l'Ecrevisse voyant
de loin les arestes de ses compagnons, se douta de l'affaire, &
profitant de l'occasion, engagea
le gosier de la Gruë entre ses
pieds, & le serra si fort qu'elle
l'étrangla.

Cet exemple fait voir qu'une
personne artificieuse est souvent
la victime de ses artifices. Le
Corbeau remercia le Renard, &
lui dit : Je ne veux pas négliger

vos inſtructions ; mais que ferai-
je ? Il faut , répondit le Renard ,
que vous atrapiez quelque choſe qui appartienne à un homme
me qui le voye , afin qu'il vous
puiſſe ſuivre. Ce qu'il fera aiſé-
ment , ſi vous volez lentement ;
& lorſque vous ſerez au deſſus du
trou du Serpent , vous laiſſerez
tomber dedans ce que vous tien-
drez : alors l'homme qui vous ſui-
vra , voyant le ſerpent , l'aſſom-
mera. Le Corbeau fit ce que lui
conſeilloit le Renard , & fut par
ce moyen délivré du Serpent.

Ce qu'on ne peut faire par force , dit Damna , on le fait par
artifice. Cela eſt vrai , repartit
Kalile ; mais le Bœuf a plus d'eſprit que vous : il détruira par ſa
prudence tous les projets que
voſtre malice formera contre lui;
& avant que vous lui puiſſiez
arracher un poil , il vous ôtera
la peau. Je ne ſçay ſi vous ſça-
K ij

vez la Fable du Lapin & du Renard : je vais vous la raconter ;
j'espere que vous en profiterez.

FABLE

D'un Lapin, d'un Renard, & d'un Loup.

UN Loup qui avoit faim,
vit un Lapin couché au
pied d'un arbre : il courut à lui
pour le prendre ; le Lapin l'ayant
aperceu, voulut s'enfuir, mais
le Loup lui coupa le chemin, &
l'arrêta. Le Lapin se voyant au
pouvoir du Loup, se mit à lui
faire des soumissions. Je sçay
bien, lui dit-il, que le Roi des
animaux a faim, & qu'il n'est en
campagne que pour trouver de
quoi manger ; mais je ne suis
qu'un petit morceau peu capable de vous rassasier : Il demeure à deux pas d'ici un Renard

qui eſt gros & gras , & dont la chair eſt fort blanche , c’eſt vô-tre fait. Je vais , ſi vous voulez, le viſiter , & l’engager adroite-ment à ſortir de chez lui. Si vous le trouvez bon , vous le mangerez ; & en tout cas j’aurai l’honneur de ſervir de nourritu-re à voſtre Majeſté. Le Loup permit au Lapin d’aller cher-cher le Renard , & le ſuivit. Le Lapin laiſſa le Loup à l’entrée du trou , & entra dedans ravi d’avoir une ſi belle occaſion de ſe vanger du Renard , dont il avoit receu un affront qu’il diſ-ſimuloit depuis long-tems : Il lui fit une profonde reverence , & lui témoigna beaucoup d’amitié. Le Renard de ſon coſté répondit fort bien à toutes les honneſte-tez du Lapin , & lui demanda quel bon vent l’avoit amené chez lui. C’eſt, repartit le La-pin , la grande paſſion que j’a-

vois de vous voir ; & il y a ,
pourſuivit-il , un de mes camarades à la porte qui meurt d'envie de vous faire la reverence ,
mais il n'oſe entrer ſans voſtre
permiſſion. Le Renard ſe doutant alors de quelque choſe , dit
en lui-même , Il faut que je
rende à ce compagnon ce qu'il
me veut prêter : mais ſans faire
ſemblant de rien , il dit au Lapin : Il ſera le bien venu , il me
fait trop d'honneur : Je vous prie
de me permettre , ajoûta-t'il ,
de rendre ma chambre un peu
plus propre à le recevoir. Le
Lapin trop perſuadé du ſuccés
de ſon entrepriſe , répondit,
Que ſon camarade n'eſtoit pas
de grande ceremonie , & ſortit
auſſi-toſt pour avertir le Loup
que le Renard avoit donné le
piége. Le Loup penſoit déja tenir le Renard , & le Lapin ſe
croyoit ſauvé , ayant rendu un

ſi bon office au Loup ; mais le Renard avoit à l'entrée de ſa taniere une foſſe profonde qu'il avoit faite exprés pour une pareille occaſion ; il oſta les tables qui empêchoient de tomber ceux qui le venoient voir, couvrit la foſſe d'un peu de terre & de paille, & ouvrit une porte de derriere en cas de neceſſité. Ayant ainſi préparé toutes choſes, il appella le Lapin. Le Loup preſſé par la faim, & le Lapin cherchant à s'échapper, ils tomberent tous les deux dans la foſſe. Le Loup s'imagina que le Lapin avoit part à cet artifice, & dans ſa colere il le mit en piéces.

Vous voyez ſpar là que les fineſſes ne ſervent de rien auprés de ceux qui ont de l'eſprit. Damna dit, Il eſt vrai ; mais le Bœuf eſt preſentement fier de ſon élevation, & n'a nul ſoupçon de ma haine pour lui. Un Lapin plus

fage que celui dont vous venez
de parler, entreprit la perte d'un
Lion, & voici de quelle maniere il vint à bout de fon entreprife.

FABLE

D'un Lion, & d'un Lapin.

AUx environs de Raydet il
y avoit une fort agreable
prairie que plufieurs beftes fau-
vages avoient choifi pour demeure à caufe de la beauté du
lieu. Parmi tous ces animaux il
y avoit un Lion furieux qui
troubloit le repos des autres par
des meurtres continuels. Un jour
ils s'affemblerent tous, allerent
trouver le Lion, & lui répre-
fenterent qu'ils eftoient fes fujets, & que par confequent il
ne devoit pas en faire un fi
horrible carnage. Vous nous
cherchez,

cherchez , ajoûterent - ils , &
nous vous évitons. Si vous vouliez vous mettre en repos , en
nous y laiſſant , nous vous apor-
terions tous les jours un gibier ,
& vous ne prendriez pas la peine
de chaſſer. Le Lion accepta cette propoſition ; les animaux
tous les matins jettoient le ſort ,
& celui ſur qui il tomboit eſtoit
deſtiné pour la nourriture du
Lion.

Un jour le ſort tomba ſur un
Lapin , qui ſe voyant pris , dit
à tous les animaux : Si vous me
ſecondez , je vous déferai du
cruel Tiran qui regne dans ces
lieux : Ils répondirent tous qu'ils
feroient leur poſſible pour cela.
Le Lapin attendit juſqu'à ce que
l'heure du dîner fût paſſée. L'a-
petit du Lion augmentoit auſſi-
bien que ſa colere ; il frapoit
de la queuë contre la terre , &
apercevant le Lapin , il lui dit :

L

D'où venez-vous, & que font mes Sujets ? Ils m'ont envoyé ici, répondit le Lapin, en le fàlüant avec un profond refpect, pour vous aporter à dîner felon la coûtume : mais j'ai rencontré en chemin un Lion qui m'a ofté ce que je conduifois : Je lui ay dit que c'eftoit pour le Roi ; il m'a répondu qu'il n'y avoit point d'autre Roi que lui dans ce païs. Je fuis venu, Sire, vous donner avis de cette infolence. Le Lion ouvrant fes yeux ardens, s'écria: Qui eft cet audacieux qui ofe mettre fa pate fur mon dîner ? Peux-tu m'enfeigner où eft ce temeraire ? Oüi, Sire, repartit le Lapin, vous n'avez qu'à me fuivre. Le Lion le fuivit ; & quand ils furent auprés d'un puits dont l'eau eftoit fort claire, le Lapin dit au Lion : Sire, voftre enne-mi eft dans ce puits ; mais je n'o-fe vous le montrer, à moins que vous ne me teniez entre vos bras. Le Lion prend le Lapin, & s'aproche du puits, dans lequel voyant son image & celle du Lapin qu'il tenoit, il crut que c'estoit en effet son ennemi qui mangeoit son dîner : en même tems il s'y jetta tout enflammé de colere, & s'y noya.

Cette Fable vous montre qu'un homme fort, peut estre surpris par un foible, lorsqu'il ne s'en défie pas. Hé bien, dit Kalile, si vous pouvez perdre le Bœuf, sans qu'il arrive du mal au Lion, passe ; mais si vous ne le pouvez faire sans cela, je vous conseille d'abandonner vostre entreprise, parce qu'un sujet ne doit pas pour son repos & son interest particulier souffrir qu'il arrive du mal à son Prince.

La conversation de Damna & de Kalile finit en cet endroit, & Damna ayant pris congé de sa

femme , s'éloigna de la Cour du
Lion. Quelque tems aprés il y
revint , & affectant un air triste
devant Sa Majesté , elle lui demanda : D'où viens-tu ? il y a
long-tems que je ne t'ai vû ; y
a-t'il quelque chose de nouveau ? Oüi , Sire , répondit
Damna. Alors le Lion tres-
saillit de peur , & dit à Damna,
Qu'est-ce que c'est ? Il faut,
s'il vous plaist , repartit Damna,
que vostre Majesté m'accorde
une audiance secrette. On ne
doit jamais , reprit le Lion, differer les affaires importantes ;
parles , nous sommes ici seuls.
Il faut, poursuivit Damna, que
celui qui est porteur d'une fâ-
cheuse nouvelle, ait l'adresse de
l'adoucir ; & il faut aussi que
celui à qui il fait un raport, juge si celui qui le fait est digne
de foi, ou s'il parle pour son interest ; S'il est digne de foi, il me-

rite qu'on ait une parfaite confiance en lui, sur tout lors qu'on
peut tirer quelque profit de son
discours. Le Lion l'interrompit,
en lui disant : Tu sçais bien que
j'ay éprouvé ta fidelité, ainsi dis
hardiment tout ce que tu voudras. La pureté de mon intention, continüa Damna, m'a fait
prendre cette hardiesse, & je
suis trop heureux d'estre connu
de vostre Majesté. Je ne doute
pas de ton zele, dit le Lion;
mais enfin dis-moy cette nouvelle qu'il m'importe de sçavoir.

Lorsque Damna vit que ses
flateries réüssissoient, & que le
Roi avoit de la confiance en lui,
il commença ainsi son discours :
Sire, Chotorbé a des conferences avec les Grands & les Chefs
de vos Armées, & je sçay de
bonne part qu'il leur a parlé de
vostre foiblesse : ce qui me fait

croire qu'il a quelque deſſein
ſur voſtre perſonne. Il eſt éton-
nant que cet ingrat abuſe des
bontez que vous avez pour lui,
& de l'amitié particuliere dont
vous l'honorez. Damna, s'écria
le Lion, prens garde à ce que tu
dis ; ſi cela eſt vrai, que faut-
il faire ? Sire, repartit Damna,
il y a deux ſortes de gens ; les
uns ſages & prudens, les autres
prompts & étourdis : ceux-cy
ſont toûjours embaraſſez quand
il leur ſurvient quelque accident ; mais ceux-là prévoyent
les choſes, & n'en ſont pas émeus
lors qu'elles arrivent. Il faut
donc imiter leur prudence, &
ſe mettre à couvert du danger,
ſi-toſt qu'on peut le preſſentir. Il
y a encore une autre ſorte de
gens qui ne prévoyent pas le
peril à la verité, mais qui ſçavent y donner ordre quand il eſt
preſent ; & ces trois caracteres

de personnes me font souvenir
de la Fable de trois Poiſſons,
que je racontcrois à voſtre Majeſté, ſi je ne craignois de l'ennuyer. Le Lion lui ordonna d'en
faire le recit, & Damna parla
dans ces termes :

FABLE

De deux Peſcheurs, & de trois Poiſſons.

IL y avoit un étang dont l'eau
eſtoit fort claire, & qui ſe dé-
chargeoit en une riviere. Il eſtoit
éloigné du chemin des paſſans,
& il y demeuroit trois poiſſons,
dont l'un eſtoit prudent, le ſecond avoit peu d'eſprit, & le
troiſiéme eſtoit tout-à-fait fou.
Un jour deux Peſcheurs aperceurent par hazard cet étang ; ils
s'en aprocherent, & ils n'eurent
pas plûtoſt remarqué ces trois

Poiſſons qui eſtoient gros & gras,
qu'ils s'en allerent querir leurs
filets. Les Poiſſons ſoupçonnans
le deſſein des Peſcheurs, ſe trouverent fort embaraſſez. Celui
qui eſtoit prudent prit bien-toſt
ſon parti : il ſortit de l'étang par
le petit ruiſſeau qui couloit dans
la riviere , & ſe ſauva par ce
moyen. Le lendemain matin les
Peſcheurs revinrent avec leurs
filets , & boucherent tous les
paſſages pour empêcher la ſor-
tie des poiſſons ; Celui qui n'a-
voit qu'un peu d'eſprit , ſe repentit alors de n'avoir pas ſuivi
ſon compagnon ; à la fin il s'a-
viſa d'un ſtratageſme : il parut
ſur la ſurface de l'eau , & feignit
d'eſtre mort : Les Peſcheurs
l'ayant pris , crurent effectivé-
ment qu'il n'eſtoit plus en vie ,
& le jetterent au bord de la riviere : le poiſſon auſſi-toſt ſauta
dedans , & s'échappa. Le der-

nier qui estoit fou , se voyant pressé des Pescheurs , ne sçavoit comment faire : il alloit au fond, il revenoit sur l'eau , mais il ne put éviter d'estre pris.

Cet exemple, Sire , fait voir à vostre Majesté qu'il faut prévenir Chotorbé , en vous rendant maistre de sa vie , avant qu'il le soit de la vostre. Tout ce que vous dites est raisonnable , dit le Lion ; mais je ne puis penser que Chotorbé que j'ay comblé de bienfaits , soit si perfide que vous me le representez. Il est vrai, reprit Damna , qu'il n'a jamais receu que du bien de vostre Majesté ; mais les méchans ne changent jamais de naturel , & il ne peut sortir d'un vase que ce qu'il y a dedans. La Fable suivante en est une bonne preuve.

FABLE

D'un Scorpion, & d'une Tortuë.

UNe Tortuë & un Scorpion
lierent ensemble une si
étroite amitié, que l'un ne
pouvoit vivre sans l'autre. Un
jour qu'ils se virent obligez de
changer de demeure, ils se mirent en chemin ; mais ayant
rencontré un fleuve, le Scorpion demeura tout court, & dit
à la Tortuë, Comment passe-
ray-je l'eau ? Ne vous mettez
pas en peine, mon ami, répondit la Tortuë, je vous por-
terai sur mon dos sans danger.
En effet, le Scorpion monta sur
le dos de la Tortuë, qui commença de nager : mais à peine
estoit-elle au milieu du fleuve,
qu'elle entendit du bruit sur son

dos : elle demanda au Scorpion ce qu'il faisoit, il répondit : J'aiguise mon éguillon, pour essaïer si je pourrai percer la cuirasse que vous portez sur le dos. La Tortuë s'écria : Ingrat, dans le tems que je vous donne une marque d'amitié, vous voulez me piquer de vostre éguillon venimeux, & m'ôter la vie.

Sire, poursuivit Damna, il ne faut jamais cherir les méchans. Vous me pressez trop sur ce sujet, dit le Lion ; si Chotorbé estoit capable de cette perfidie, il m'auroit déja témoigné sa maùvaise volonté. Ne vous y fiez pas, repartit Damna ' il conduit son dessein avec plus de prudence : il n'attaquera pas vostre Majesté en particulier, il veut auparavant séduire toute vostre Cour, & la mettre dans ses interests. Tu as raison, interrompit le Lion ; mais comment le pourrai-je chasser? Laissez-moi faire, répondit Damna, il faut punir un sujet infidelle. Les discours de ce fin Renard firent une si forte impression sur l'esprit du Roi, qu'il résolut de ne plus voir Chotorbé, & de le bannir de la Cour, aprés lui avoir fait sçavoir la cause de sa disgrace; mais Damna craignant que Chotorbé ne pénétrât ses fourberies, dit: Sire, j'ai oüi dire à des personnes d'esprit, qu'un Roi ne doit pas punir publiquement des fautes secretes, ni châtier secrétement des crimes publics: ainsi puisque celui de Chotorbé est secret, il faut le punir secrétement. C'est une injustice, dit le Lion, de punir quelqu'un, sans lui aprendre la cause de son châtiment. Il suffira, reprit Damna, que vous lui marquiez une fois de la colere, & que vous lui

faſſiez un froid accueil ; ſa conſcience lui reprochera dans ce
moment ſa perfidie, & il ne dou-
tera pas de la punition que vous
lui préparez : Vous le verrez
même agité & troublé regarder
de toutes parts : ce qui ſera une
marque évidente de la verité de
mes ſoupçons. Si cela eſt, reprit
le Lion, je ſerai convaincu de
ſa trahiſon. Damna voyant le
Roi dans la diſpoſition qu'il de-
ſiroit, pour mieux joüer ſon
perſonnage, alla trouver Chotorbé, & lui fit une grande reverence. Le Bœuf le careſſa fort,
& lui dit, Pourquoi ne me venez-vous plus voir, eſt-ce que
je ne ſuis plus de vos amis ?
Quoique j'aye eſté éloigné de
vous, répondit Damna, je ne
vous ay point oublié. Mais pourquoi, reprit le Bœuf, vous eſtes-
vous retiré de la Cour ? C'eſt
que j'aime ma liberté, repartit

Damna ; & quand on est en presence du Roi , on tremble de
peur , & on n'ose bransler. Il
me semble , s'écria le Bœuf,
que tu n'es pas content du Roi,
& que tu aprehendes quelque
malheur. Cela est vrai , répondit Damna ; mais c'est pour
vous que je crains, & non pas
pour moi. Le pauvre Chotorbé
fut effrayé de cette réponse : Mon
cher ami, dit-il à Damna, aprens-
moi , je t'en conjure , le peril
qui me menace. Un de mes amis,
continüa Damna , m'a fait confidence d'une conversation que
le Roi eut ces jours passez avec
un Grand qui ne vous aime güe-
re. Le Roi lui dit , *Chotorbé est
à présent bien gras , & il nous est
fort inutile ; il faut que je donne
un regal à tous les Seigneurs de
ma Cour , & que je leur fasse
manger de la chair de ce Bœuf.* Je
viens vous aprendre cette nou-

velle , pour vous perſuader que je ſuis un veritable ami , & pour vous aider ſi je puis à éviter ce peril. Chotorbé fut étonné de cet avis ; mais par quel artifice , dit-il , pourray-je me dérober à la barbarie du Roi ? Helas ! je ne lui ai donné aucun ſujet de me traiter de la ſorte. J'ai ſans doute un ennemi ſecret qui lui aura fait quelque faux raport , & l'aura mis en colere contre moi. Il reſſemble à ce Canard , qui voyant dans l'eau l'image de la Lune , crut que c'eſtoit un beau poiſſon ; dans cet erreur il ſe plongea pour la prendre ; mais de dépit d'avoir fait des efforts inutiles , il ſortit de l'eau , jurant de n'y retourner jamais. Quelque faim qu'il eût dans la ſuite , il ne voulut plus attraper aucun poiſſon , s'imaginant toûjours que ce fût la clarté de la Lune. Les médiſans & les flateurs ont tellement prévenu le Lion contre moi, que quoique je fasse, il croira toûjours que je dissimule. Peut-être, lui dit Damna, que le Roi changera de sentiment ; mais comme il est absolu, il peut, sans estre obligé de dire pourquoi, vous condamner à perdre la vie. Il est vrai, reprit Chotorbé, que les Rois payent souvent d'ingratitude les services de leurs plus fideles sujets, comme vous le connoîtrez par cette Fable.

FABLE

D'un Faucon & d'une Poule.

UN Faucon disoit à une Poule : Vous estes une ingrate. Quelle ingratitude avez-vous remarquée en moi, répondit la Poule? En est-il une plus grande, reprit le Faucon, que celle que vous faites voir à l'égard des hommes : ils ont un extrême soin de vous ; le jour ils cherchent de tous coftez de quoi vous nourrir & vous engraiffer , & la nuit ils vous préparent un lieu pour dormir , ils ont le foin de tout fermer , de peur que voftre repos ne foit intorrompu par quelqu'autre animal , & cependant lors qu'ils veulent vous prendre, vous fuïez : ce que je ne fais pas, moi qui fuis un Oifeau fauvage ; à la moindre careffe qu'ils me font je m'aprivoife , je me laiffe prendre , & je ne mange que dans leurs mains. Cela eft vrai , repliqua la Poule ; mais vous ne fçavez pas la caufe de ma fuite : c'eft que vous n'avez jamais vû de Faucon à la broche , & j'ay vû des Poules à toute forte de fauces.

J'ai raporté cette Fable pour vous montrer que ceux qui veu-

M.

lent s'attacher à la Cour , n'en connoissent pas les desagrémens. Je croy , dit Damna , que le Lion n'en veut à vostre vie , que parce qu'il est jaloux de vos vertus. Il est vrai , repartit Chotorbé , qu'il n'y a que les arbres fruitiers qui soient sujets à avoir les branches rompuës , & les Rossignols ne sont en cage qu'à cause qu'ils chantent plus agreablement que les autres Oiseaux , & on arrache les plumes des Paons à cause qu'elles sont belles : de maniere que mon zele & ma fidelité seront cause de ma perte. Je voy bien qu'aujourd'huy les méchans qui sont revêtus des aparences de la vertu , sont plus honorez que les personnes vrayement vertueuses. Je ne crains pas toutefois les entreprises qu'on peut former contre moi : J'imiterai le Rossignol , dont je veux vous conter la Fable.

FABLE

D'un Roſſignol , & d'un Payſan.

VN Payſan avoit dans ſon jardin un Roſier qui faiſoit tous ſes délices. Il l'aimoit tant , qu'il prenoit plaiſir à voir tous les matins ſes roſes épanoüies. Un jour qu'il admiroit, ſelon ſa coûtume , la beauté de ſes fleurs , il vit un Roſſignol qui eſtoit ſur une de ſes roſes , & qui en arrachoit les feüilles l'une aprés l'autre. Cela le mit dans une ſi grande colere , qu'il tendit le lendemain un piége à ce Roſſignol , pour ſe vanger du tort qu'il prétendoit en avoir receu. Il ne manqua pas de le prendre , & auſſi-toſt il le mit en cage. Le pauvre Roſſignol fort chagrin de ſe voir en cet

état , demanda triſtement au
Payſan la cauſe de ſon eſclvage ;
le Payſan répondit : Aprens que
tu m'as déchiré le cœur, en dé-
chirant les belles feüilles de mes
roſes. Helas ! reprit le Roſſignol,
pour avoir rompu quelques feüilles d'une roſe , vous me traitez
bien rigoureuſement : Comment
ſerez-vous donc traité pour m'a-
voir affligé de la ſorte ! Ne ſça-
vez-vous pas qu'on eſt traitté
dans l'autre monde de la même
maniere qu'on traite en celui-ci
ſon prochain. Le Payſan touché
de ces paroles , rendit la liberté
au Roſſignol qui ſe mit à le remercier , & qui lui dit : Puiſque
vous m'avez fait du bien , je veux
vous rendre la pareille : Sçachez
qu'au pied de cet arbre il y a un
vaſe plein d'or , prenez-le , c'eſt
pour vous. Le Payſan creuſa la
terre , & trouvant le vaſe , il dit
au Roſſignol : Je m'étonne

qu'ayant pu voir ce vafe qui eftoit fi avant dans la terre, vous n'ayez pas remarqué le filet qui vous a atrapé. Ignorez-vous, repartit le Roffignol, qu'on ne peut fe fouftraire à fon deftin.

Vous voyez par cet exemple qu'il faut s'y laiffer entraîner. Ce que vous dites eft veritable, répondit Damna ; mais puifque le Lion fonge à vous faire du mal, il en fera puni ; & voulant augmenter fa grandeur en vous accablant, il lui arrivera ce qui arriva à un Chaffeur.

FABLE

D'un Chaffeur, d'un Renard, & d'un Leopard.

VN Chaffeur, pourfuivit Damna, aperceut au milieu d'un champ un Renard qui avoit la mine d'eftre bien rufé,

& dont la peau lui parut si belle,
qu'il eut envie de le prendre.
Pour cet effet il épia son trou,
à l'entrée duquel il fit une fosse,
qu'il couvrit de paille & de brof-
failles, & puis ayant fait ses affaires dessus, il alla se cacher
dans un coin. Le Renard sortant
de son giste, sentit l'odeur puan-
te de ce que le Chasseur venoit
de faire, & courut aussi-tost voir
ce que c'estoit. Quand il fut auprés de la fosse, il fut tenté de
goûter d'un si bon mets ; mais la
crainte de quelque supercherie
l'empêcha de se jetter dessus :
ainsi il ne s'arresta pas plus long
tems en cet endroit. Un moment
aprés un Leopard affamé arriva :
A peine eut-il senti l'odeur de
l'excrement, qu'il s'avança pour
le manger, de maniere qu'il tomba dans la fosse. Le Chasseur
ayant entendu le bruit que le
Leopard avoit fait en tombant,

s'y jetta sans regarder, ne doutant pas que ce ne fût le Renard, mais il y trouva le Leopard qui le devora.

Cette Fable aprend que la prudence & la sagesse doivent regler nos desirs. Chotorbé prit la parole, & dit : J'ai mal fait d'avoir accepté les offres du Lion. Ce n'est pas assez, interrompit Damna, d'avoir des regrets, il faut songer aux moyens d'adoucir le Lion. Je suis seur de sa bonne volonté, repartit Chotorbé ; mais les traîtres & les flateurs feront leurs efforts pour changer son amour en haine ; & je crains qu'ils n'en viennent à bout, de la même façon que le Loup, le Renard & le Corbeau perdirent le Chameau. Damna souhaita d'aprendre cette Fable, & Chotorbé pour le satisfaire la commença de cette maniere.

FABLE

D'un Loup, d'un Renard, d'un Corbeau, & d'un Chameau.

IL y avoit autrefois un Corbeau rufé, un fin Renard, & un Loup fanguinaire, qui fe mirent tous trois au fervice d'un Lion qui tenoit fa Cour dans un bois fur le grand chemin. Le Chameau d'un Marchand refta de laffitude prés de ce lieu. Peu de jours aprés ayant repris fes forces, il entra dans le bois du Lion dans le deffein de paiftre; mais il fut fort étonné d'y voir ce Lion : il lui offrit fes fervices, le Lion les accepta, & aprés avoir fçû par quel accident le Chameau eftoit en ce lieu, il lui demanda ce qu'il vouloit faire : Tout ce qu'il plaira

a

à voftre Majefté , répondit le Chameau. Si tu veux demeurer avec moi , reprit le Lion , tu feras en feureté. Le Chameau fut bien aife de cela , & refta prés du Lion , ne faifant que paiftre fans inquietude , de forte qu'il devint gros & gras. Un jour le Lion eftant à la chaffe , rencontra un Elephant , contre lequel il fe battit : il revint au bois bleffé , & mourant de faim. Le Corbeau , le Loup & le Renard qui ne vivoient que des reftes de fa chaffe , voyant qu'il n'avoit rien à manger , tomberent dans une grande trifteffe; le Lion s'en apercevant , leur dit , Je fuis plus fâché de vôtre chagrin que de mes bleffures : allez voir fi vous rencontrerez quelque gibier aux environs de ce bois , venez m'en avertir , & j'irai le prendre pour vous. Ils s'éloignerent ainfi du Lion , &

N

s'en allerent tous les trois tenir conseil. Le Loup dit : De quelle utilité nous est ici le Chameau? nous avons peu de liaison avec lui, le Lion n'en tire aucun profit, il faut le tuer, il nous servira de nourriture durant deux ou trois jours, aprés ce tems le Roi sera gueri. Ce conseil ne plut pas au Renard, qui soutint qu'on ne pouvoit justement oster la vie au Chameau, aprés la parole qu'on lui avoit donnée de le laisser vivre en repos dans ce bois ; que cette action rendroit le Roi odieux à toute la terre, qui le regarderoit comme un perfide, qui n'auroit donné une retraite à cet étranger dans ses Etats, que pour le faire mourir sans raison, & pour profiter de sa mort. Le Corbeau qui avoit beaucoup d'esprit & de malice, concilia ces deux opinions, disant qu'on pouvoit colorer la mort du Chameau de quelque beau prétexte. Demeurez ici, ajoûta-t'il, jusqu'à ce que je sois de retour. Il alla d'abord trouver le Lion, & lui dit : Sire, nous avons une si grande faim, que nous n'avons pas la force de marcher: mais nous avons trouvé un bon remede à cela ; & si voftre Majefté veut nous le permettre, nous allons faire bonne chere. Le Lion ayant demandé quel eftoit ce remede ; le Corbeau répondit : Sire, le Chameau vit comme un hermite dans voftre Royaume, il eft feparé de nous, il n'eft bon à rien qu'à contenter noftre faim ; & comme voftre Majefté ne doit pas manquer d'apetit, le Chameau fera bien voftre affaire. Le L on, que ce difcours mit fort en colere, s'écria : Ah ! que les gens de ce fiecle font traiftres & méchans ! Comment me prouve-rez-vous qu'il eſt permis d'eſtre infidele, & de violer une parole donnée ? Je ne ſçai pas tout cela, Sire, repartit le Corbeau ; mais les Grands tiennent pour maxime qu'il faut immoler un particulier au ſalut de tout un peuple, ou à la conſervation de la per-ſonne d'un Roi. D'ailleurs on peut ſe ſervir d'artifice pour dé-gager voſtre promeſſe. Le Lion baiſſa la teſte pour ſonger à cela, & le Corbeau retourna vers ſes compagnons, à qui il dit la con-verſation qu'il venoit d'avoir avec le Lion. Il faut preſente-ment, ajoûta-t'il, que nous abordions le Chameau, que nous l'informions de l'accident & de la faim du Roi, & enfin, que nous lui repréſentions qu'ayant paſſé une grande partie de noſtre vie en repos & avec douceur auprés du Roi, il eſt bien juſte

que nous donnions nos jours
pour prolonger les siens. Ensuite
de ce discours, qui engagera le
Chameau à nous accompagner,
nous irons trouver le Roi, &
nous nous offrirons tous trois, à
l'envie l'un de l'autre, de lui servir de nourriture pour aujour-
d'hui ; le Chameau peut-être à
nostre exemple voudra se sacrifier, alors nous le prendrons au
mot, & ainsi nostre dessein réus-
sira. Effectivement ils firent si
bien qu'ils menerent le Chameau au Roi, devant qui le Corbeau s'estant avancé, dit : Sire,
comme vostre santé nous est plus
prétieuse que nos vies, souffrez
que je donne la mienne pour
apaiser vostre faim. Le beau re-
pas que vous offrez à sa Majesté, s'écria le Renard : Vous
n'avez que la peau & les os, &
le Roi a trop bon appetit pour
se contenter de si peu de chose ;

N. iij

ma chair est bien meilleure. Le Loup prenant la parole, dit : Il faut un mets plus solide qu'un Renard pour regaler sa Majesté, & il me semble que je suis mieux son fait. Le Chameau ne voulant pas paroistre moins affectionné que les autres, dit à son tour : Vous n'estes pas capables tous trois de satisfaire la faim du Roi ; mais quand il n'auroit mangé de huit jours, je puis suffire moi seul à le rassasier. Les autres dirent alors, il a raison, sa chair est excellente, & digne de sa Majesté. Ah ! qu'il est heureux de laisser à la posterité un si bel exemple de zele & de generosité ! En disant cela, ils se jetterent sur lui, & le mirent en piéces, sans qu'il dît un mot.

Cette Fable montre que lorsque plusieurs méchans forment ensemble une entreprise, ils en viennent à bout. Pour moi, dit

Damna , je ferois d'avis que vous défendiffiez voftre vie , car quiconque meurt les armes à la main fe rend recommandable : Il ne faut pas commencer la guere, mais il ne faut pas auffi, lors qu'on eft attaqué , ceder lâchement à fon ennemi. On doit connoître fes forces avant que de s'engager au combat , car quiconque attaque fon ennemi imprudemment, reffemble à l'Ange Dominateur de la mer , dont je va vous aprendre la Fable.

FABLE

De l'Ange Dominateur de la mer, & de deux Oifeaux appellez Titavi.

DEux Oifeaux apellez Titavi demeuroient fur les rivages des Indes. Lors qu'il fut tems de pondre, la femelle dit au Mafle, Il faut choifir un lieu propre à faire nos petits. Le mafle répondit : Celui-ci eft fort bon. Non, repliqua la femelle, car la mer pourroit enfler fes vagues, & emporter nos œufs. Cela n'arrivera pas, dit le mafle, & l'Ange Dominateur de la mer n'oferoit me faire cet outrage : S'il le faifoit, j'en aurois raifon. Il ne faut pas, reprit la femelle fe vanter d'une chofe qu'on ne peut pas faire. Quelle comparaifon y a-t'il entre vous & le Prince de la mer ? Croyez-moi, ne faifons pas ici noftre nid : Souvenez-vous du malheur qui arriva à une Tortuë. Quel malheur, dit le mafle ?

FABLE

D'une Tortuë, & de deux Canards.

IL y avoit, continüa la femelle, une Tortuë qui vivoit contente dans un étang avec quelques Canards. Il vint une année de séchereſſe, de ſorte qu'il ne reſta point d'eau dans l'étang : Les Canards ſe voyant contraints de déloger, allerent trouver la Tortuë pour lui dire adieu : elle leur reprocha qu'ils la quittoient dans le tems de ſa miſere, & elle les conjura de la mener avec eux. Les Canards répondirent : Ce n'eſt pas ſans peine que nous nous éloignons de vous, mais nous y ſommes obligez ; & quant à ce que vous nous propoſez de vous emmener, Nous avons une trop lon-

gue traite à faire , & vous ne
pouvez pas nous fuivre , parce
que vous ne fçauriez voler : neanmoins fi vous nous promettez de
ne dire mot en chemin , nous
vous porterons : mais nous rencontrerons des gens qui nous
parleront , vous voudrez leur
répondre , & cela fera caufe de
voftre perte. Non, répondit la
Tortuë , je ferai tout ce qu'il
vous plaira. Alors les Canards
firent prendre à la Tortuë un
petit bâton par le milieu, qu'elle ferra bien fort entre fes dents,
& lui recommandant enfuite de
tenir ferme , deux Canards prirent le bâton chacun par un
bout , & enleverent la Tortuë
de cette façon. Quand ils furent au deffus d'un Village , les
habitans qui les virent , étonnez
de la nouveauté de ce fpectacle,
fe mirent à crier tous à la fois :
ce qui faifoit un charivari que la

Tortuë écoutoit impatiemment.
A la fin ne pouvant plus garder
le silence, elle voulut dire, Que
les envieux ayent les yeux cre-
vez, s'ils ne nous peuvent regarder : mais dés qu'elle ouvrit la
bouche, elle tomba par terre, &
se tua.

Cet exemple fait voir qu'il ne
faut pas méprifer les exhortations des amis. J'ai oüi conter
cette Fable, dit le mafle ; mais
fçachez que tous ceux qui n'ont
point de courage, ne font capables de rien. Faifons ici nos
petits, & foyons perfuadez que
l'Ange Dominateur de la mer
ne nous fera point de mal. La
femelle obéit, & fit fon nid au
bord de l'eau : mais un jour ou
deux aprés, la mer s'enfla, les
vagues renverferent le nid de
ces Oifeaux, & le Prince de la
mer prit les œufs. La femelle
alors s'adreffa au mafle, & lui

dit : Je vous avois bien averti qu'il ne faloit pas braver un pouvoir que vous devez respecter ; voyons à cette heure comment vous vous vangerez de cet affront. Je vous assure, repliqua le masle, que je lui ferai rendre les œufs. Sans perdre le tems il vola vers tous les Oiseaux l'un aprés l'autre, leur conta l'accident, & les pria de l'aider à tirer vengeance du Prince de la mer. Tous les Oiseaux promirent leurs secours au Titavi, & allerent mesme avec lui trouver le Griffon, à qui ils declarerent qu'ils ne le reconnoîtroient plus pour leur Roi, s'il refusoit de se mettre à leur teste. Le Griffon partit avec eux : ils environnerent la maison du Prince de la mer, lequel voyant cette multitude infinie d'Oiseaux, eut peur, & rendit les œufs.

Il ne faut jamais, dit Damna,

mépriser son ennemi. Je ne commencerai pas le combat, interrompit Chotorbé, mais si le Lion m'attaque, je me défendrai. Quand vous le verrez, reprit Damna, fraper la terre de sa queüe, & remüer les yeux, il ne tardera guere à sauter sur vous. Je vous remercie de cet avis, repartit Chotorbé; si je remarque ces signes dont vous me parlez je me préparerai à le recevoir. Damna ravi de voir si bien réüssir son entreprise, alla trouver Kalile, qui lui demanda en quel état elle estoit. Je rends graces à mon destin, répondit Damna, il va me faire triompher de mon ennemi. Ces deux Renards aprés cette conversation, allerent à la Cour, où ils virent bien-tost arriver Chotorbé. Le Lion ne l'eut pas plûtost regardé, qu'il le crut coupable; & Chotorbé en jettant les yeux sur le Lion, ne douta

point que sa Majesté n'eût résolu
sa perte : C'est pourquoi l'un &
l'autre faisant paroistre les signes
dont Damna les avoit avertis, ils
commencerent un furieux combat. A la fin le Lion tua le Bœuf,
mais ce ne fut pas sans peine. O
méchant que tu es, dit Kalile à
Damna, tu as mis le Roi au hazard de perdre la vie ; Ta fin sera
malheureuse, puisque tu formes
des projets si coupables, il t'arrivera quelque jour ce qui arriva
à un fourbe, qui fut la dupe de
ses fourberies. Ecoute cette Fable.

FABLE

*De deux garçons Marchands,
dont l'un estoit rusé, &
l'autre sans malice.*

Deux garçons Marchands
sortirent de leur païs pour

voyager & trafiquer : l'un se nommoit l'Esprit aigu , & l'autre le
Simple. L'Esprit aigu estoit adroit,
& le Simple sot. Ils trouverent
par hazard un sac rempli d'argent : L'Esprit aigu dit à son camarade , Les voyages sont profi-
tables à la verité , mais ils sont
pénibles : C'est pourquoi, frere,
contentons-nous de cet argent ,
sans nous fatiguer à acquerir d'autres richesses. Le simple y ayant
consenti, ils retournerent à leur logis. Neanmoins avant que de se sé-
parer , le simple fut d'avis de partager ce qu'ils avoient trouvé,
afin que chacun le dépensât à sa
fantaisie ; mais l'Esprit aigu lui
dit : Il vaut mieux que nous le
mettions en un lieu seur , &
tous les jours nous en prendrons
quelque chose. Le simple répondit, qu'il le vouloit bien. Aprés
cela ils cacherent l'argent , dont
ils prirent chacun une petite

fomme pour leur entretien. Le
lendemain, l'Efprit aigu alla où
eſtoit l'argent, & l'ayant pris,
retourna chez lui. Quand le
fimple eut dépenſé ce qu'il avoit,
il courut au logis de l'Efprit aigu, & lui dit : Venez avec moi,
afin que nous prenions encore
une fomme pareille à celle que
nous primes hier : Je le veux,
répondit l'Efprit aigu, auffi-bien
j'ai dépenſé tout mon argent, &
j'en ai befoin. Ils fortirent enfemble : mais lors qu'ils furent
arrivez au lieu où ils vouloient
aller, ils ne trouverent rien. Le
Ruſé auffi-toft fe jetta par terre,
déchira fes habits, & dit en pleurant à fon Compagnon : C'eft
toi qui as enlevé cet argent,
parce que nul autre que toi ne
fçavoit qu'il fût en cet endroit.
En vain le fot étonné jura qu'il
ne l'avoit pas pris, l'autre fei-
gnoit toûjours de croire le contraire.

Enfin ils allerent devant le Juge;
L'Esprit aigu , aprés avoir raconté de quelle façon ils avoient
trouvé l'argent , & comme ils
estoient convenus de le cacher,
accusa le simple de l'avoir déro-
bé. Le Juge demanda quelques
Témoins pour preuve du vol ,
l'Esprit aigu répondit : Je n'ai
pas d'autre témoin que l'arbre
qui est auprés de ce lieu , & j'espere que Dieu qui est juste , per-
mettra qu'il rende témoignage
de la verité. Le juge fort surpris
d'entendre parler cet homme de
la sorte , résolut de voir la fin de
cette affaire ; il accepta le Témoin , & dit que le lendemain
matin il ne manqueroit pas de
se transporter au pied de cet arbre pour l'interroger. Ainsi chacun se retira chez soi jusqu'au
jour suivant. L'Esprit aigu conta
toute l'affaire à son pere , & lui
dit qu'il n'avoit eu esperance

qu'en lui quand il avoit pris l'arbre à témoin. Si vous voulez,
ajoûta-t'il, nous aurons la somme
que j'ai prise, & encore autant
de celui que j'ai accusé : ce qui
nous servira à passer le reste de
nos jours agreablement. Le pere
demanda ce qu'il faloit faire :
Il faut, repliqua le fils, que
vous entriez dans l'arbre qui est
creux ; mais il faut que vous
vous y mettiez dés ce soir, &
que vous y passiez la nuit, afin
que si le Juge va de grand matin interroger l'arbre, vous
puissiez rendre témoignage selon
la coûtume. Mon fils, dit le
pere, quitte ces finesses : quand
tu tromperois les hommes, tu
ne tromperas pas Dieu ; & je
crains que ta fortune n'ait le
mesme succés qu'eut celle de la
Grenoüille.

F A B L E

D'une Grenoüille, d'une Ecreviſſe, & d'un Serpent.

UNe Grenoüille demeuroit proche d'un Serpent, qui toutes les fois qu'elle faiſoit des petits, les mangeoit : ce qui la mettoit au deſeſpoir. Un jour qu'elle alla rendre viſite à une Ecreviſſe de ſes amies, elle lui fit confidence de ſes ennuis. L'Ecreviſſe la conſola, lui repreſentant qu'on pouvoit par quelque artifice la délivrer d'un ſi fâcheux voiſin. Vous m'obligerez, dit la Grenoüille, de m'enſeigner un moyen pour cela. Hé bien, reprit l'Ecreviſſe, il y a dans un tel lieu une de mes camarades qui eſt graſſe & forte ; prenez pluſieurs poiſſons, & mettez les depuis ſon trou juſ-

qu'à celui du Serpent; cette Ecreviſſe dont je vous parle ne manquera pas de les croquer l'un
aprés l'autre juſqu'à ce qu'elle
arrive au trou du Serpent, qui
ſortira d'abord, & qu'elle man-
gera auſſi-bien que les poiſſons.
La Grenoüille ſuivit ce conſeil,
& goûta le plaiſir de la vangeance : mais deux ou trois jours
aprés, l'Ecreviſſe qui avoit mangé le Serpent, croyant en trouver encore, alla juſqu'au giſte de
la Grenoüille , qu'elle mangea
avec tous ſes petits.

Vous voyez par cette Fable que
les trompeurs ſont trompez. Mon
pere, dit le fils, laiſſons ces vains
diſcours. Il n'y a pas de tems à
perdre. Le vieillard qui eſtoit
avare , ſortit du logis, & s'alla
cacher dans l'arbre. Le jour ſuivant , de bon matin le Juge ſe
tranſporta ſur le lieu accompa-
gné de pluſieurs perſonnes d'eſ-

prit, & d'un grand nombre de gens qui vouloient estre témoins de ce miracle. Aprés quelques cérémonies le Juge demanda à l'arbre, s'il estoit vrai que le Simple eût pris l'argent en question : Aussi-tost il entendit une voix qui répondit, Oüi, il est coupable de ce dont on l'accuse. Le Juge d'abord fut étoné ; mais se doutant qu'il y avoit quelqu'un dans l'arbre, il commanda d'amasser du bois autour, & d'y mettre le feu. Le pauvre vieillard aprés avoir un peu souffert la chaleur, cria, Misericorde. A la fin on le fit sortir, & il confessa la verité. Ainsi le juge fit voir l'innocence du simple & la malice du rusé, qui fut puni, & tout l'argent fut donné à l'accusé, aprés qu'on l'eût osté à l'accusateur.

J'ai raporté cet exemple pour vous persuader qu'il faut avoir le cœur pur, & agir toûjours de

bonne foi. Vous avez tort, dit
Damna, de nommer l'esprit trom-
perie, & le soin de ses propres
affaires, artifices. Pour moi, je
croy n'avoir fait voir en ma conduite que de l'esprit & du jugement. O méchant, s'écria Kalile ; je ne veux plus vous écouter
ni demeurer avec vous, puisque
vous avez de si mauvaises maxi-
mes. Qui frequente les méchans,
éprouve le sort de ce Jardinier.

FABLE

D'un Jardinier & d'un Ours.

IL y avoit autrefois un Jardinier qui aimoit tant les jardi-
nages, qu'il s'éloigna de la compagnie des hommes pour se donner tout entier au soin de cultiver des plantes. Il n'avoit ni femme ni enfans, & depuis le matin
jusqu'au soir il ne faisoit que tra-

vailler dans son jardin, qu'il rendit aussi beau que le Paradis Terrestre. A la fin le bon homme
s'ennuya d'estre seul dans sa solitude: il prit la résolution de sortir de
son jardin pour chercher compagnie. En se promenant au pied
d'une montagne, il aperceut un
Ours, dont les regards causoient
de l'effroy. Cet animal s'estoit
aussi ennuyé d'estre seul, & n'estoit
descendu de la montagne, que
pour voir s'il ne rencontreroit
point quelqu'un, avec qui il pût
faire societé. Aussi-tost qu'ils se
virent, ils se sentirent de l'amitié l'un pour l'autre. Le Jardinier
aborda l'Ours, qui lui fit une
profonde reverence. Aprés quelques civilitez, le Jardinier fit signe à l'Ours de le suivre, & l'ayant
mené dan son jardin, lui donna
de fort beaux fruits qu'il avoit
conservés soigneusement ; & enfin
il se lia entre eux une étroite ami-

tié. Quand le Jardinier eſtoit las
de travailler, & qu'il vouloit ſe
répoſer, l'Ours par affection, demeuroit auprés de lui, & chaſſoit
les mouches de peur qu'elles ne
l'éveillaſſent. Un jour que le Jardinier dormoit au pied d'un arbre, & que l'Ours, ſelon ſa coûtume, écartoit les mouches, il en
vint une ſe poſer ſur la bouche
du Jardinier ; & quand l'Ours la
chaſſoit d'un coſté, elle ſe re-
mettoit de l'autre : ce qui le mit
dans une ſi grande colere, qu'il
prit une groſſe pierre pour la
tuer : il la tua à la vérité ; mais
en même tems il écraſa la teſte
du Jardinier. C'eſt à cauſe de cela que les gens d'eſprit diſent
qu'il vaut mieux avoir un ſage
ennemi, qu'un ami ignorant.

Cet exemple me montre que
voſtre compagnie eſt auſſi dangereuſe que celle de l'Ours. Pour
moi, dit Damna, je ne ſuis pas

ſi.

si ignorant, que je ne sçache distinguer ce qui est nuisible de ce
qui est profitable à mon ami. Je
sçai bien, repartit Kalile, que
tu ne peches pas par ignorance;
& quand tu trahis tes amis, ce
n'est pas sans y penser, témoin
l'artifice dont tu t'es servi pour
brouiller le Lion & le Bœuf: mais
je ne puis souffrir que tu preten-
des que je te croye innocent.
Tu ressembles à ce Marchand qui
vouloit faire accroire à son ami
que les Rats mangeoient du
fer.

FABLE

D'un Marchand, & de son ami.

UN Marchand, poursuivit
Kalile, eut envie de faire
un long voyage. Comme il n'é-
toit pas fort riche, il faut, dit-il

en lui-même, que je laisse avant
que de partir une partie de mon
bien dans cette Ville, afin que si
je fais mal mes affaires dans mon
voyage, je trouve au - moins à
mon retour de quoi me tirer de
la necessité. Il mit donc une
grande quantité de livres de fer
en dépost chez un de ses amis,
le priant de garder cela pendant
son absence ; ensuite lui ayant
dit adieu, il partit. Quelque
tems aprés il revint au logis, &
la premiere chose qu'il fit, fut
d'aller chez son ami, auquel il
demanda son fer ; mais cet ami
qui avoit des dettes, l'ayant vendu pour les payer, lui répondit :
J'avois mis voftre fer dans une
chambre bien fermée, m'imaginant qu'il seroit là fort en seureté : mais il y avoit dans cette
chambre un Rat qui l'a mangé.
Le Marchand fit l'ignorant, &
dit : Il eft vrai que les Rats ai-

ment extrémement le fer. Cette réponse plut à l'ami, qui fut bien aise de voir le Marchand persuadé que le Rat avoit mangé le fer ; & pour lui oster tout soupçon, il le pria de venir le lendemain dîner chez lui. Le Marchand rencontra au milieu de la Ville un enfant de son ami, qu'il mena chez lui, & qu'il enferma. Le jour suivant il ne manqua pas d'aller trouver son ami qui lui parut fort affligé ; le Marchand lui en demanda la cause, qu'il n'ignoroit pas. Ah! mon cher, répondit l'ami, je vous conjure de m'excuser si je ne vous fais pas un meilleur visage : je suis en peine d'un de mes enfans que j'ai perdu, je l'ai fait chercher à son de trompe, & je ne sçai ce qu'il est devenu. Hier au soir, dit le Marchand, je vis en sortant d'ici un hibou en l'air qui portoit un enfant, je ne sçai si c'est le vô-

tre. Ignorant , s'écria l'ami ,
pourquoi mentez-vous si grossie-
rement ! Un Hibou qui ne pese
tout au plus que deux ou trois
livres , peut-il porter un enfant
qui en pese prés de cinquante.
Cela ne vous doit pas étonner ,
repartit le Marchand , car dans
un païs où un Rat a mangé cent
livres de fer , un Hibou peut enlever un enfant de cinquante livres. L'ami connut alors que le
Marchand n'estoit pas si fot qu'il
l'avoit crû : il lui demanda pardon de l'avoir voulu tromper ,
lui rendit son fer , & reprit son
fils.

Cette Fable prouve que si
vous trompez le Lion , à qui
vous avez tant d'obligation , à
plus forte raison tromperez-vous
ceux avec qui vous n'avez qu'un
peu de liaison. Voilà pourquoi vostre compagnie est dange-
reuse.

Pendant que Kalile & Damna s'entretenoient de la sorte, le Lion, dont la colere estoit passée, se mit à regretter Chotorbé, disant: C'est dommage de l'avoir fait mourir : il avoit de si bonnes qualitez ; je ne sçai si j'ai bien ou mal fait, & si ce qu'on m'a raporté estoit faux ou veritable. Le Lion rêvoit ainsi, & se repentoit d'avoir puni avec trop de précipitation un sujet qui pouvoit estre innocent. Damna remarquant que le Lion avoit des remords, quitta Kalile, & s'aprochant de lui tres - respectueusement : Sire, dit-il, pourquoi vostre Majesté est-elle si rêveuse ? Songez que voilà vôtre ennemi à vos pieds, arrestez vos yeux avec plaisir sur cet objet. Quand je pense aux vertus de Chotorbé, dit le Lion, je regrette sa perte : il estoit mon puy & ma consolation, & c'estoit

par ses sages conseils que mon
peuple vivoit en repos. Vostre
Majesté, reprit Damna, ne doit
pas pleurer la mort d'un sujet infidele: Veritablement il estoit
utile au public ; mais comme il
en vouloit à vostre personne,
vous n'avez fait que ce que les
Sages conseillent, qui est de couper un membre qui seroit la cause de la destruction de tout le
corps. Ces discours consolerent
un peu le Lion ; mais l'innocence de Chotorbé criant incessamment vangeance, fut cause qu'on
découvrit les fourberies de Damna , & qu'il en receut le châtiment qu'il méritoit. Comme toutes ses entreprises estoient crimi-
nelles, aussi sa fin fut-elle miserable.
Si quelqu'un veut cueillir du fro-
ment , qu'il ne seme pas de l'or-
ge. Celui qui ne fait que de bonnes actions, & qui n'a que des
pensées justes, est heureux dans

ce monde, & ne peut manquer
de l'estre dans l'autre.

CHAPITRE II.

Comme un méchant finit mal.

J'AY bien entendu, dit Dabf-
chelim, l'Histoire d'un flateur
qui par ses flateries trompa son
Prince, & fut cause qu'il mal-
traita ses Ministres : mais contez-
moi de quelle maniere le Lion découvrit les fourberies de Damna,
& quelle fut la fin de ce Renard.

Il ne faut pas, répondit le
vieux Bramine, que les Rois
ajoûtent foi aux divers raports
qu'on leur fait, jusqu'à ce qu'ils
ayent connu si les discours qu'ils
entendent partent d'amis ou d'ennemis, autrement il leur arrivera ce qui arriva à la Cour du

Lion ; & voici comment se pas-
serent les choses que vous voulez sçavoir. Peu de tems aprés
que le Lion eut tué le Bœuf, il
en fut fâché , comme j'ai déja
dit ; les reflexions qu'il fit sur les
bons services qu'il en avoit receus, le plongerent dans un si
noir chagrin , qu'il abandonna
le soin de son Etat , & sa Cour
devint un lieu de désolation. Il
parloit sans cesse des bonnes qualitez de Chotorbé , & le bien
qu'on lui en disoit estoit le seul
soulagement que sa douleur vouloit recevoir. Une nuit qu'il s'entretenoit des vertus de ce Bœuf
avec un Leopard , le Leopard
lui dit : Sire , vostre Majesté s'af-
flige trop d'une chose à laquelle
il est impossible de remedier ; &
qui s'attache à chercher ce qu'il
ne peut trouver , non seulement
il ne le trouve pas, mais encore
il perd ce qu'il a, comme un Re-

nard perdit une peau , pour avoir
une poule dont il avoit envie.
Voyant le Lion difposé à l'écouter , il lui raconta cette Fable.

FABLE

D'un Renard , d'un Loup, & d'une Poule.

UN Renard qui cherchoit de
tous coftez de quoi manger,
trouva un morceau de peau
fraîche , qu'une befte fauvage
avoit laiffé tomber , il en mangea une partie , & prit le refte
dans le deffein de le porter dans
fa taniere : en paffant auprés
d'un Village , il aperceut des
Poules qui eftoient groffes &
graffes , qu'un garçon adroit
gardoit à vûë. Le Renard eut
tant d'envie de manger de ces
Poules , qu'il laiffa la peau qu'il

tenoit , pour en attraper quelqu'une. Dans ce moment il vint
un Loup qui lui demanda ce
qu'il regardoit avec tant d'attention. Ce font ces Poules que
vous voyez , répondit le Renard,
j'en voudrois bien prendre une.
Vous perdez voftre tems à les
épier , lui dit le Loup , elles
font gardées par un ferviteur
fi vigilant , qu'il eft impoffible de
les pouvoir aborder fans danger. Contentez - vous de voftre
morceau de peau , de peur d'a-
voir le mefme fort que cet Afne
qui voulant chercher fa queuë ,
perdit fes oreilles.

FABLE

D'un Asne, & d'un Jardinier.

UN Asne, continüa le Loup, avoit perdu sa queüe, ce qui l'affligeoit fort : en la cherchant de toutes parts, il passa au travers d'un pré & d'un jardin : mais le Jardinier l'ayant aperceu, & s'imaginant qu'il vouloit ravager son jardin, entra dans une furieuse colere, courut à l'Asne, & lui coupa les deux oreilles : Ainsi l'Asne qui se plaignoit de n'avoir point de queüe, fut bien étonné lors qu'il se vit sans oreilles. Quiconque ne prend pas la raison pour guide, s'égare, & tombe dans des précipices. Le Renard pressé par l'extréme desir de manger de ces Poules, dit au

Loup : De quoi vous avifez-vous de me venir conter des Fables ? Je veux vous montrer que qui a du courage, eft capable de tout. En difant cela, il s'avança vers les Poules, laiffant fon morceau de peau ; & le Loup voyant que fa remontrance ne fervoit de rien, s'en alla d'un autre cofté. Le Renard cependant s'aprochoit tout doucement des Poules ; mais le garçon qui les gardoit, l'ayant vû, lui jetta un bâton fi adroitement, qu'il lui frappa le pied : Le pauvre Renard craignant que le garçon ne lui jettât encore un bâton, retourna fur fes pas au plus vifte, réfolu de fe contenter de la peau qu'il avoit méprifée ; mais il ne la retrouva plus, parce qu'un Corbeau l'avoit emportée : ce qui mit le Renard au defefpoir.

Vous voyez, Sire, pourfuivit

le Leopard, qu'il ne faut pas
que voſtre Majeſté ſe deſeſpere,
& abandonne la conduite de ſon
Royaume pour la perte d'un ſujet. Le Lion demeura quelque
tems ſans parler, aprés cela il
répondit : Vous dites vrai ; mais
je voudrois vanger la mort de
Chotorbé, s'il a eſté injuſtement
accuſé. Ce n'eſt pas le moyen
d'y parvenir que de ſe deſeſpe-
rer, repliqua le Leopard : Il faut
examiner avec ſoin, ſi les raports
qu'on vous a faits de lui ſont
veritables ou non ; s'il eſtoit
coupable, il a eſté juſtement
puni ; & s'il ne l'eſtoit pas, on
doit punir l'accuſateur. Alors le
Lion dit au Leopard : Je veux
que tu ſois mon Connétable en
ſa place : fais tout ce que tu pour-
ras pour découvrir la verité.

Comme il eſtoit tard, le Leopard prit congé du Lion : re-

tournant au logis, il paſſa pardevant la demeure de Kalile &
de Damna, & il crut entendre
qu'ils avoient quelques paroles
enſemble. Comme il ſoupçon-
noit que Damna eſtoit méchant,
il eut la curioſité de s'aprocher
pour les écouter. Kalile repro-
choit à ſon mari ſes perfidies, &
tous les artifices dont il s'eſtoit
ſervi pour perdre Chotorbé. Le
Leopard inſtruit par ces diſcours
des trahiſons de Damna, alla
trouver la Mere du Lion, à laquelle il conta tout ce qu'il venoit d'oüir: Auſſi-toſt elle courut
voir ſon fils, à qui elle dit : Vous
avez raiſon d'eſtre affligé de la
perte de Chotorbé, car il eſt
mort innocent. Quelle preuve
avez-vous de ſon innocence, demanda le Lion ? Je ne veux pas,
repondit la mere, reveler un ſecret
qui pourroit vous mettre en co-

lere, & nuire à celui qui me l'a
confié. Mais je vous prie, ajoûta-t'elle d'écouter cette Fable.

F A B L E

D'un Prince, & de son Ecuyer.

IL y avoit un Prince qui estoit
puissant, riche & juste. Un
jour qu'il estoit à la chasse, il
dit à son Ecuyer : Je veux faire courir mon cheval contre le
tien, pour voir lequel des deux
est le meilleur : il y a long-tems
que j'ai cette envie. L'Ecuyer,
pour obéir à son maistre, poussa
son cheval à toute bride, & le
Roi le suivit. Quand ils furent
éloignez de tous les Grands qui
les avoient accompagnez, le
Roi arresta son cheval, & dit à
son Ecuyer : Je n'avois pas d'autre dessein en t'amenant ici,

que de te confier un secret,
t'ayant reconnu le plus fidelle
de ma Cour. Il m'a paru que le
Prince mon frere forme quelque
attentat contre ma personne
c'est pourquoi je t'ai choisi pour
le prévenir : mais sois discret.
L'Ecuyer jura qu'il garderoit le
secret ; & aprés cela ils réjoi-
gnirent la troupe qui estoit en
peine de sa Majesté. L'Ecuyer à
la premiere occasion qu'il eut de
parler au frere du Roi, lui aprit
le dessein qu'on avoit de lui ôter
la vie : ce qui obligea le jeune
Prince à le remercier de lui
avoir donné cet avis, & à lui
promettre de grandes recompen-
ses : Mais peu de jours aprés le
Roi mourut, son frere lui succeda ; & la premiere chose qu'il
fit lors qu'il fut sur le trône,
fut de faire mourir l'Ecuyer. Ce
miserable lui reprocha le service
qu'il lui avoit rendu. Est-ce
là,

là , disoit-il, la récompense que vous me promettiez. Oüi , lui répondit le nouveau Roi : Quiconque révéle les secrets de son Prince , est digne de mort ; & puisque tu as commis ce grand crime , tu dois mourir. Si tu as trahi un Roi qui t'avoit donné sa confiance , & qui te cherissoit plus que toute sa Cour ensemble , puis-je me servir de toi ? L'Ecuyer eut beau alleguer des raisons pour se justifier , il ne fut point écouté , & il ne put éviter la mort , parce qu'il n'avoit pas sçû garder un secret.

Vous voyez par cette Fable qu'il ne faut pas divulguer un secret. Ma Mere , lui dit le Lion , sçachez que celui qui vous a confié son secret , veut bien qu'il soit divulgué , puisqu'il est le premier à le découvrir : car si lui-même ne l'a pû garder, comment veut-il qu'un autre le garde. Si ce que vous voulez dire est vrai, & que vous ne vouliez pas que j'en aye une entiere connoissance, du-moins ôtez-moi de peine. La Mere se voyant pressée, lui dit : Je veux vous présenter un criminel indigne de pardon ; & quoique les Sages disent qu'un Roi doit avoir la misericorde en recommandation, neanmoins il y a de certains crimes qui ne doivent pas attendre de pardon. C'est de Damna, poursuivit-elle, que je parle, qui par ses faux raports a causé la mort de Chotorbé. Ayant dit cela, elle se retira, laissant le Lion dans une profonde réverie. A la fin il commanda à toute sa Cour de s'assembler : Damna en conceut un mauvais présage, & abordant un des favoris, il lui demanda s'il ne sçavoit pas le sujet de cette assemblée. La Mere du

Lion l'entendit, & lui dit : C'eſt
pour réſoudre ta mort, car tes
tromperies ſont découvertes. Madame , lui répondit Damna,
ceux qui ſe rendent à la Cour
recommandables par leurs vertus , ne manquent jamais d'envieux & d'ennemis. Ah ! que les
hommes, ajoûta-t'il, agiſſent autrement que Dieu ! Il ne donne
à chacun que ce qu'il mérite ;
& les hommes au contraire pu-
niſſent ſouvent ceux qui ſont dignes de récompenſe , & cheriſ-
ſent ceux qu'ils devroient haïr !
Que j'ai mal fait de quitter ma
ſolitude pour conſacrer ma vie
au Roi. Quiconque ne ſe contente pas de ce qu'il a , &
préfere le ſervice des hommes à
celui de Dieu , s'en répent toſt
ou tard , comme on le peut voir
par cette Fable.

FABLE

D'un Hermite qui quitta les deserts pour aller vivre à la Cour.

UN Hermite qui avoit renoncé aux plaifirs du monde, menoit dans une folitude une vie fort auftere. Sa vertu fit dans le monde tant de bruit en peu de tems, qu'un nombre infini de perfonnes l'aloit voir tous les jours, les uns par curiofité, & les autres pour le confulter fur diverfes chofes. Le Roi du païs qui eftoit devot, & qui aimoit les gens de bien, n'eut pas plûtoft apris qu'il y avoit dans fon Royaume un perfonnage fi vertueux, qu'il monta à cheval pour l'aller vifiter. Il lui fit un beau prefent, & le pria de lui faire quelque exhortation dont il pût profiter. L'Hermite, pour contenter le Roi, lui dit : Sire, Dieu a deux habitations, l'une périssable, qui est le monde, & l'autre éternelle, qui est le Paradis. Vostre Majesté, qui est genereuse, ne doit pas s'attacher aux biens de la terre, mais il faut qu'elle aspire aux trésors éternels, dont la moindre partie vaut mieux que toutes les Principautez de l'Univers. Essaïez donc, Sire, de vous rendre possesseur de ces biens éternels. Par quel moyen les peut-on acquerir, demanda le Roi ? En assistant les pauvres, répondit l'Hermite, & en secourant les miserables. Tous les Rois qui veulent joüir de ce repos éternel doivent travailler à donner le repos temporel à leurs sujets.

Le Roi fut si touché de ce dis-

cours , qu'il résolut de s'entretenir tous les jours avec ce bon
Hermite. Un jour qu'ils estoient
ensemble dans l'Hermitage , ils
virent venir une foule de gens
qui demandoient justice avec des
cris effroyables. L'Hermite les fit
aprocher , les interrogea , &
ayant apris leurs differens , les
mit tous d'acord sans peine. Le
Roi admirant la conduite de cet
Hermite , le pria de se trouver
quelquefois dans ses Conseils · ce
que l'Hermite promit au Roi ,
croyant pouvoir estre utile aux
pauvres : Il se trouvoit donc
souvent dans les Assemblées , &
le Roi s'arrestoit toûjours à son
opinion : Enfin il se rendit si
nécessaire , que rien ne se faisoit dans le Royaume que par son
avis.

Ainsi l'Hermite voyant que
tout le monde lui faisoit la Cour,
commença d'avoir bonne opi-

nion de foi , & voulut tenir le rang de premier Miniftre. Pour cet effet il eut un bel équipage, & une groffe fuite : Il oublia fes aufteritez & fes oraifons, & fe regardant comme un homme néceffaire à l'Etat, il avoit grand foin de fa perfonne : Il eftoit mollement couché, & ne mangeoit que des mets délicats. Le Roi , qui eftoit d'ailleurs affez content de l'Hermite, le laiffoit vivre à fa fantaifie, & fe répofoit fur lui du foin des affaires de fon Royaume.

Un jour un Hermite ami de celui qui eftoit à la Cour, eftant venu voir fon Confrere, avec qui fouvent il avoit paffé la nuit en oraifon, fut fort étonné de le voir environné d'un grand nombre de domeftiques : Neanmoins prenant patience, il attendit que la nuit eût obligé tout le monde à fe retirer ; alors abordant l'Hermite Courtisan, il lui dit : O mon cher ami , en quel état est - ce que je vous vois ! quel changement ! L'Hermite Courtisan voulut s'excuser, en disant qu'il estoit obligé d'avoir un si gros train ; mais son Confrere , qui estoit homme d'esprit & de jugement, s'écria: Ces excuses sont dictées par les sens. Je voy bien que les biens & les honneurs vous enchantent. Quel demon vous a détourné de nos priéres , & pourquoi oubliant les devoirs d'une vie retirée , préferez - vous le bruit au silence , & le tumulte au repos ? Ne croyez pas, répondit l'Hermite Courtisan, que les affaires de la Cour m'empêchent de continüer mes pieux exercices. Vous vous trompez, repartit l'Hermite, de croire que vos priéres puissent estre exaucées en servant le monde , comme

me elles l'eſtoient dans le tems
que le Service Divin faiſoit toute voſtre occupation. Vous le
connoîtrez quelque jour, & vous
vous en répentirez. Croyez-moi,
briſez ces chaînes d'or qui vous
attachent à la Cour, & retour-
nez dans voſtre ſolitude : autrement vous éprouverez la cruelle
deſtinée de cet aveugle qui mé-
priſa le conſeil de ſon ami. Je
vais vous conter cette avanture.

FABLE

D'un Aveugle qui voyageoit avec un de ſes amis.

IL y avoit deux hommes qui
voyageoient enſemble, l'un
deſquels eſtoit aveugle. Un jour
que la nuit les ſurprit dans la
campagne, ils entrerent dans
un pré pour s'y repoſer juſqu'au

R

point du jour. Auſſi - toſt qu'il
parut , ils ſe leverent , monte-
rent à cheval , & continüerent
leur chemin. L'Aveugle au lieu
de ſon foüet avoit ramaſſé un
ſerpent qui eſtoit tranſi de froid;
l'ayant entre les mains , il le
trouva plus doüillet que ſon
foüet : ce qui le réjoüit, s'imaginant qu'il avoit gagné au
change , c'eſt pourquoi il ne ſe
mit pas en peine de ce qu'il
avoit perdu : Mais lorſque le
Soleil commença de paroître, &
par conſequent à éclairer les ob-
jets , ſon compagnon aperceut
le ſerpent , & faiſant un grand
cri , il dit à l'Aveugle : O ! camarade , tu as pris un ſerpent
au lieu de ton foüet , jette - le
avant que d'en recevoir de mor-
telles careſſes. Cet Aveugle d'eſprit auſſi - bien que de corps,
croyant que ſon ami ne parloit
ainſi que parce qu'il avoit envie

d'avoir son foüet, lui répondit :
Estes - vous jaloux de ma bonne
fortune ? J'ai perdu mon foüet
qui ne valoit plus rien , & le
bon Dieu m'en a fait trouver
un tout neuf. Ne pensez pas,
ajoûta-t'il , que je sois si innocent , que je ne sçache distinguer un serpent d'un foüet. Son
ami se mit à rire , & lui dit :
Camarade, je suis obligé par les
loix de l'amitié & de l'humani-
té de t'avertir du peril où je te
vois : Si tu veux vivre , éloigne
de toi ce serpent. L'aveugle plus
aigri que persuadé par ces paroles , repartit brusquement : Pourquoi me pressez - vous de jetter
une chose que vous voulez ra-
masser ? Son compagnon pour
le desabuser jura que ce n'estoit
pas là son dessein ; & je vous
proteste, ajoûta-t'il, que ce que
vous tenez entre vos mains, est
un serpent. Tous ces sermens fu-

rent inutiles, l'Aveugle ne changea point d'opinion. Cependant
le Soleil s'élevoit, & ses rayons
ayant peu à peu échauffé le serpent, il commença de s'entor-
tiller autour du bras de l'Aveugle, qu'il mordit, de maniere
qu'il lui donna la mort.

Cet exemple nous montre qu'il
faut se défier de nos sens, & qu'il
est difficile de les dompter quand
nous possedons une chose qui les
flate.

Ce discours sensé éveilla l'Hermite Courtisan du profond som-
meil où il estoit : Il ouvrit les
yeux sur les dangers qu'il cou-
roit à la Cour ; & regrettant le
tems qu'il avoit employé au service du monde, il passa la nuit
à soupirer & à pleurer : Mais le
jour estant venu, les nouveaux
honneurs qu'on lui fit détrui-
sirent ses remords : Il commença
de se mesler de toute sorte d'af-

faires, & devint injuſte comme les gens du ſiecle. Un jour il condamna à la mort une perſonne qui ſelon les Loix & les Coûtumes du païs ne devoit pas mourir. Aprés l'éxécution de l'Arreſt, ſa conſcience lui en fit des reproches qui troublerent ſon repos durant quelque tems ; & enfin les heritiers de la perſonne qu'il avoit injuſtement condamnée , obtinrent du Roi la permiſſion d'informer contre l'Hermite qu'ils accuſoient d'injuſtice. Le Conſeil ſur les informations, ordonna que l'Hermite ſouffriroit le meſme ſupplice qu'il avoit fait ſouffrir au deffunt : L'Hermite employa ſon credit & ſes richeſſes inutilement pour ſauver ſa vie , l'Arreſt du Conſeil fut éxécuté.

J'avoüe , dit Damna , que ſuivant cet exemple je devrois eſtre puni d'avoir quitté ma ſolitude , pour venir servir le Roi.

Damna en cet endroit ayant ceſſé de parler , ſon éloquence fut admirée de toute la Cour. Pour le Lion , il avoit la teſte baiſſée , & il eſtoit agité de tant de penſées , qu'il ne ſçavoit à quoi ſe réſoudre , ni que répondre à Damna. Pendant que le Lion eſtoit dans la ſituation que je viens de dire , & que tous les Courtiſans gardoient le ſilence , un animal nommé Siahgouſch , qui eſtoit un des plus fideles ſerviteurs du Lion, s'avança , & parla dans ces termes :

Tous ces reproches que tu fais à ceux qui ſervent les Rois , ne tournent qu'à ta honte : Outre que ce n'eſt pas à toi à propoſer cette queſtion , aprens qu'une heure de ſervice rendu à un Roi juſte , vaut mieux que ſoixante ans d'oraiſons. Combien a-t'on vû de gens de mérite quitter leurs cellules pour aller à la Cour, où en servant les Rois, ils soulageoient les peuples , & les garantissoient des oppressions tiranniques ? L'exemple que vous allez entendre peut servir de preuve de ce que je dis.

F A B L E

D'un bon Religieux , & d'un Derviche.

IL demeuroit dans une Ville de Perse un vieux Religieux qui avoit la reputation dans tout le Royaume d'estre un homme tres-docte & tres-vertueux : Il se nommoit *Rouchan - Zamir*, c'est-à-dire, *Conscience claire*. Un jour un Derviche poussé par les mouvemens d'une dévotion extraordinaire, partit de Mauralnachos , qui est le nom d'une

Province de la Tartarie , pour
aller voir ce Religieux dont j'ai
parlé , & pour le confulter fur
quelque affaire. Aprés bien des
peines & du tems , il arriva au
Monaftere ; mais le Religieux
ne s'y trouva pas , il n'y avoit
que fon compagnon , qui remarquant que le Derviche eftoit fa-
tigué , le pria de fe repofer , lui
difant : Voici l'heure que mon
Compagnon revient ordinairement de la Cour , où il va tous
les jours. Quand le Derviche entendit qu'un Religieux fe mefloit
des affaires de l'Etat : Ah ! que
je fuis fâché , s'écria-t'il , d'eftre
venu de fi loin pour perdre mon
tems , car il n'y a rien à gagner
avec un homme qui fréquente
la Cour. Enfuite de ce difcours,
il fortit du Convent , concevant
une mauvaife opinion du Religieux. Le Chevalier du Guet ce
jour-là cherchoit par tout un vo-

leur infigne qui lui eſtoit échappé la nuit paſſée ; & le Roi l'a-
voit menacé de le faire mourir,
s'il ne le retrouvoit. Le Chevalier du Guet rencontrant le Derviche, le prit pour le ſcelerat
qu'il cherchoit, & ſans l'interroger, le mena d'abord au ſupplice. Le Derviche avoit beau
jurer qu'il eſtoit homme de bien,
on ne l'écoutoit pas ; & déja le
Bourreau tenoit le couteau pour
lui couper la main, (ce qui eſtoit
le ſupplice auquel le voleur avoit
eſté condamné) lorſque le Religieux revenant de la Cour vit le
Derviche entre les mains du Bourreau ; le Religieux commanda de
le détacher, diſant que c'eſtoit un
de ſes Confreres , & qu'il ne
pouvoit avoir commis le crime
dont on l'accuſoit. Auſſi-toſt le
Bourreau vint baiſer l'étrier du
Religieux , & alla détacher le
Derviche, qui accompagna le

Religieux jusqu'au Convent. Chemin faisant, le Religieux disoit: Ne soyez pas surpris que je passe la plus grande partie de mon tems à la Cour : Je ne vis de cette maniere que pour délivrer de la mort des innocens comme vous. Alors le Derviche reconnoissant qu'il avoit fait un jugement téméraire, dit qu'il ne faloit jamais blâmer ceux qui estoient à la Cour pour la gloire de Dieu.

On voit par cet exemple, ajoûta Siahgousch, que les plus grands observateurs de la Loy ne se font pas tous éloignez de la Cour. Et toi, dit-il à Damna, tu viens faire ici de ridicules comparaisons. Il est vrai, repartit Damna, que quelquefois les plus vertueux demeurent à la Cour ; mais c'est après avoir imploré le secours de Dieu, parce qu'ils sçavent bien que s'il ne

les protege particulierement, ils
ne peuvent manquer de se perdre. D'ailleurs, ils n'entrent à
la Cour qu'aprés s'estre entie-
rement détachez de l'interest
particulier, qui est le plus redoutable écueil qu'ils ayent à craindre. J'avoüe qu'avec un esprit
si desinteressé on peut hardiment
embrasser toute sorte de conditions : Mais nous, qui n'avons
pas cette vertu sublime, comment pourrons-nous exercer un
emploi si perilleux sans perir,
si ce n'est en servant des Rois
équitables & éclairez, qui sça-
chans distinguer les bons serviteurs des méchans, récompen-
sent & punissent avec justice ?

La Mere du Lion prit la parole, & dit à Damna : Vous parlez contre vous-mesme, puisque
cette Assemblée n'est ici que pour
vous reprocher vos perfidies, &

la perte d'un des plus fideles sujets du Roi. Madame, repliqua
Damna, sa Majesté n'ignore pas,
non plus que cette Assemblée,
qu'il n'y avoit nul different entre le Bœuf & moi. Tout le
monde au contraire sçait qu'il ne
devoit qu'à moi le rang où la
faveur du Roi l'avoit élevé. Il
est vrai que j'ai averti sa Majesté d'un attentat contre sa personne : Mais je n'ai rien di
que je n'aye oüi de mes oreilles,
ou vû de mes propres yeux. J'ai agi
sans passion & sans interest : car
quel avantage puis-je tirer de la
mort de Chotorbé ? Les bienfaits
que j'ai receus du Roi mon Maître, & mon devoir pouvoient-ils
me permettre de ne l'avertir pas
de tout ce qui se passoit contre
lui : & tous ceux qui m'accusent
presentement, ne le font que
parce qu'ils me craignent ; & ils

souhaitent qu'on m'ôte la vie, afin que je ne découvre pas leurs entreprises.

Damna prononça ces paroles avec tant de fermeté, que le Lion ne sçachant à quoi se résoudre, dit : Il faut le mettre entre les mains des Juges, parce que je veux que cette affaire soit bien examinée. C'est bien fait, s'écria Damna, car ceux qui jugent avec précipitation, jugent mal. Il ne faut rien faire sans connoissance de cause, de peur de se tromper, comme cette femme, dont vous allez entendre l'avanture.

FABLE

D'une Femme Coquette, & d'un Peintre.

UN Marchand de la Ville de Cachmir avoit une tres-belle femme, qui aimoit, & qui estoit aimée d'un Peintre, lequel excelloit dans son Art. Ces deux Amans ne négligeoient aucune occasion de se voir. Un jour la Maitresse dit à l'Amant : Quand vous voulez me parler, vous estes obligé de contrefaire vostre voix, de jetter des pierres, de siffler, ou de cracher ; je voudrois bien vous épargner toutes ces peines. Ne pouvez-vous pas trouver quelque invention qui nous serve de signal ? Hé bien, ré-

pondit le Peintre , je veux pein-
dre deux voiles de deux couleurs:
la blancheur de l'un ſurpaſſera
celle de l'étoile qu'on voit dans
l'eau , & la noirceur de l'autre
fera honte aux cheveux des Mo-
res. Lorſque vous me verrez ſortir avec ces voiles , vous ſçaurez
ce qu'ils ſignifieront. Le Valet
du Peintre , qui n'eſtoit pas
moins amoureux de cette femme que ſon Maiſtre , eſtant dans
un cabinet auprés de celui du
Peintre , entendit faire cette
propoſition ; il en fut bien-aiſe,
parce qu'il eſpera d'en profiter.
Effectivement, un jour que ſon
Maiſtre eſtoit allé faire un por-
trait en Ville , il prit le Voile
d'aſſignation, avec lequel il paſſa
pardevant le logis de la Mar-
chande , qui eſtoit à la feneſtre.
Elle ne l'eut pas plûtoſt aperceu , que ſans conſiderer ni le
viſage , ni les manieres du Valet,

elle defcendit , & receut fes ca-
refles , comme elle avoit coûtume de recevoir celles du Peintre. Le Valet , aprés avoir contenté fa paffion , retourna au logis , & remit le Voile où il l'a-
voit pris. Le Peintre eftant de
retour eut envie de voir fa
Maitreffe , qui fut fort étonnée
de remarquer encore le Voile :
Elle courut audevant du Peintre , à qui elle demanda imprudemment la caufe d'un fi prompt
rétour. Le Peintre fe doutant
de la chofe , ne dit mot , mais
il la quitta brufquement , alla
trouver fon Valet , & lui fit payer
bien cher le plaifir qu'il avoit
goûté ; & puis faifant reflexion
fur la facilité que la Marchan-
de avoit euë à fatisfaire les de-
firs de fon Valet , il rompit tout
commerce avec elle. Or fi cette
femme n'eût pas cedé fi vifte à
l'emportement de ce Valet , elle

n'auroit

n'auroit pas perdu un Amant si
passionné.

La Mere du Lion remarquant
que son fils écoutoit avec plaisir
Damna, eut peur que ce fin Renard n'arrétât par son éloquence le cours de la Justice. Il semble, dit-elle au Lion, que Damna vous paroisse innocent, &
que vous regardiez comme des
calomniateurs ceux qui ont dé-
posé contre lui. Je n'aurois jamais crû, continua-t-elle, qu'un
Roi qui passe pour le plus juste
des Rois, pût se laisser séduire
par les belles paroles d'un criminel, qui tâche d'éviter les ri-
gueurs de la Loy. En disant cela, elle se leva de colere, &
se retira dans son apartement.
Le Lion, pour plaire à sa Mere,
ou plûtost commençant à croire Damna coupable, le fit mettre en prison. Quand tout le
monde fut sorti de la chambre

du Roi , ſa Mere y rentra , & dit : Je ne ſçai comment ce bel eſprit s'eſt laiſſé emporter à un ſemblable crime. C'eſt l'envie , répondit le Roi , qui lui a fait commettre cette lâcheté. L'envie , pourſuivit-il , eſt un vice qui tient l'eſprit dans une inquiétude actuelle ; & il y a même des envieux , qui ſçavent mauvais gré à ceux qui leur font du bien , comme vous le verrez par cet exemple.

FABLE

De trois envieux qui trouverent de l'argent.

TRois hommes voyageoient enſemble ; le plus vieux dit aux autres : Aprenez-moi , s'il vous plaiſt , pourquoi vous eſtes ſortis de vos maiſons pour voyager. J'ai quitté mon païs , ré-

pondit l'un , parce que je ne
pouvois soûtenir la vûë de quelques personnes que je haïssois
plus que la mort ; & cela ne
procede que d'une humeur ja-
louse qui ne sçauroit souffrir le
bonheur d'autrui. La mesme maladie , dit le troisiéme, me tourmente , & me fait courir le monde. Nous sommes donc tous
trois, reprit le plus vieux, pos-
sedez de la mesme passion. Or
ces hommes estant de la mesme
humeur, ils s'accorderent d'abord
assez bien ensemble. Un jour en
passant par une vallée , ils aperceurent une grosse somme d'argent que quelque voyageur avoit
laissé tomber en cet endroit. Ils
descendirent de cheval aussi-tost
tous trois , & se dirent l'un à
l'autre : Partageons cet argent ,
& retournons à nos logis, où
nous nous divertirons : mais ils
ne disoient cela que de bouche,

Car chacun d'eux ne pouvant se résoudre à laisser à son compagnon le moindre profit, ne sçavoit s'il devoit passer outre sans toucher à cet argent, afin que les autres en fissent de mesme. Ils demeurerent en ce lieu à rêver là-dessus durant un jour & une nuit sans boire ni manger, dans une extréme inquiétude. Deux jours aprés, le Roi du païs qui chassoit avec toute sa Cour, arriva dans la vallée. Il s'aprocha de ces trois hommes, & leur demanda ce qu'ils faisoient là avec l'argent qui estoit par terre. Se voyant surpris, ils ne purent s'empêcher de dire la verité. Sire, répondirent-ils, nous sommes tous trois agitez de la même passion, qui est l'envie; elle nous a fait quitter nôtre patrie, & elle nous accompagne par tout. Vous feriez, ajoûterent-ils, une action bien charitable,

ſi vous pouviez nous guerir de
cette paſſion. Que chacun de
vous , dit le Roi, m'aprenne
juſqu'à quel point il eſt envieux,
afin que j'y rémédie , ſi je puis.
Mon envie, dit l'un, va juſques
là que je ne puis faire du bien à
qui que ce ſoit. Vous eſtes un
fort honneſte homme en compa-
raiſon de moi, s'écria le ſecond,
car je ne ſçaurois ſouffrir qu'une
perſonne faſſe du bien à une autre, loin d'en faire moi-meſme.
Le troiſiéme prenant la parole,
dit : Vous ne poſſedez pas tous
deux l'envie dans un ſi éminent
degré que moi, puiſque non ſeulement je ne puis obliger ni voir
obliger perſonne ; mais je ne puis
même ſouffrir qu'on m'oblige.
Le Roi fut ſi étonné d'entendre
ces diſcours, qu'il ne ſçavoit que
répondre : A la fin , aprés avoir
long-tems révé, il leur dit :
Vous ne méritez pas que je vous

laisse cet argent ; en même tems
il le leur fit ôter, & les condam_
na à des supplices qu'ils méri_
toient. Celui qui ne pouvoit
faire du bien, fut envoyé dans
les deserts, nuds pieds, & sans
vivres. On coupa la teste à ce_
lui qui ne pouvoit voir faire du
bien, parce qu'il estoit indigne
de vivre, puis qu'il n'aimoit que
le mal : Et enfin, celui qui ne
pouvoit souffrir qu'on lui fist du
bien, on le laissa vivre, sa pas_
sion estant son supplice, & on le
mit dans l'endroit du Royaume
où il se faisoit le plus d'actions
charitables & de bienfaits : ce qui
lui causa tant de dépit, qu'il en
mourut.

Voila, continüa le Lion, ce
que c'est que l'envie. Il faudroit,
donc dit sa Mere, faire mourir
Damna au plûtost, puisqu'il est
atteint d'un vice si dangereux.
Je n'en suis pas bien assuré, re_

partit le Lion , & je veux l'en
eſtre , avant que de le condamner.

Aprés qu'on eut conduit en
priſon Damna , Kalile ſa femme
touchée de compaſſion , l'alla
voir , & lui tint ce diſcours : Je
vous l'avois bien dit , qu'il ne
falloit pas éxécuter voſtre entrepriſe , car ceux qui ont de l'eſprit ne commencent jamais une
affaire , ſans avoir meurement
conſideré quelle en ſera la fin :
On ne doit pas planter un arbre,
ſans ſçavoir quel fruit il doit
produire. Pendant que Kalile
& Damna s'entretenoient , il y
avoit dans la priſon un Ours
qu'ils ne voyoient pas , & qui
les écoutoit, pour s'en ſervir en
tems & lieu.

Le lendemain de grand ma-
tin la meſme Compagnie du jour
précedent ſe raſſembla ; & aprés
que chacun eut pris ſa place , la

Mere du Lion parla en ces termes : On n'eſt pas moins coupable de differer le châtiment d'un criminel, qu'en précipitant la condamnation d'un innocent ; & lors qu'un Roi ne punit pas un méchant, il ne péche pas moins que s'il en eſtoit complice. Le Lion trouvant ce raiſonnement judicieux, commanda de travailler au procés de Damna. Alors le Lieutenant du Juge ſe levant de ſa place, pria les aſſiſtans de dire leur opinion ſur cette affaire, diſant que cela produiroit trois choſes avantageuſes. La premiere, que la vérité ſeroit connuë, & la juſtice exercée. La ſeconde, que les méchans & les traiſtres ſeroient punis ſelon la volonté de Dieu ; & la troiſiéme enfin, que la ſocieté ſeroit purgée des fourbes, qui par leurs artifices en troubloient le repos. Perſonne ne sçachant la vérité de cette affaire, toute l'Assemblée n'osa rien dire. Ce qui donna lieu à Damnade parler plus hardiment. Sans faire toutefois paroistre sa joye, il dit : Sire, si j'avois commis le crime dont on m'accuse, je tirerois quelque avantage de ce silence general ; mais je me sens si innocent, que j'attens avec indifference la fin de cette Assemblée. Je dirai neanmoins en passant que personne ne voulant dire son sentiment sur cette affaire, c'est une marque certaine qu'on me croit innocent. Qu'on ne me blâme point de prendre la parole pour me justifier ; je suis excusable en cela, puisqu'il est permis à chacun de se défendre. Je conjure, poursuivit-il, toute cette illustre Compagnie, de dire en presence du Roi tout ce qu'elle sçait de moi ; mais qu'elle prenne garde d'avancer une

T

chose qui ne soit pas vraye : autrement il lui arrivera ce qui arriva au Medecin ignorant , dont
voici l'avanture.

FABLE

D'un Medecin ignorant.

IL y avoit un homme sans
science & sans experience qui
se disoit Medecin : Il estoit cependant si ignorant, qu'il con-
fondoit la Colique avec l'Hydro-
pisie , & il ne sçavoit pas seulement distinguer la Rhubarbe du
Bezoart. Il ne visitoit jamais
deux fois un malade , car dés la
premiere il le faisoit mourir. Il y
avoit au contraire dans la même
Province un autre Medecin qui
estoit si habile , qu'il guerissoit
les maladies desesperées par la
vertu des simples , dont il avoit
une parfaite connoissance , &

dont il se servoit dans toutes ses Ordonnances. Or ce sçavant homme devint aveugle, & ne pouvant plus aller voir ses malades, il se retira dans une solitude, pour y vivre en repos. Le Medecin ignorant n'eut pas plûtost apris la retraite d'un homme qu'il ne voyoit pas sans envie, qu'il commença de faire éclater son ignorance, en voulant montrer son sçavoir. Un jour la fille du Roi du païs tomba malade : on eut recours au bon Medecin, parce que outre qu'il avoit déja servi à la Cour, on estoit persuadé qu'il estoit plus habile que celui qui tâchoit de se mettre en vogue. Le sçavant Medecin estant dans la chambre de la Princesse, & ayant apris la qualité de sa maladie, ordonna une certaine pilule composée de certaines drogues qu'il nomma. On lui demanda où ces drogues se pour-

roient trouver. Autrefois , répondit le Medecin , j'en ai vû
dans le Tréfor ; mais à préfent
que je fuis aveugle , & qu'il y a
quantité d'autres boëtes confon-
duës avec celles - là , je ne les
fçaurois diftinguer. Le Medecin
ignorant qui eftoit préfent , dit
qu'il connoiffoit bien ces drogues , & qu'il fçavoit même de
quelle maniere on s'en devoit
fervir. Allez donc dans mon
Tréfor , lui dit le Roi , & prenez ce qu'il faut pour compofer
cette pilule. L'Ignorant entra
dans le Tréfor , & fe mit à chercher la boëte dans laquelle de-
voient eftre ces drogues : mais
comme il y avoit plufieurs boëtes
femblables , il ne put diftinguer
les drogues qu'il falloit , ne les
connoiffant pas. Dans cet em-
barras , ne fçachant que faire,
il aima mieux prendre une boëte à tout hazard , que d'aller

avoüer fon ignorance : Mais il
ne fçavoit pas que ceux qui fe
meflent de ce qu'ils n'entendent
pas, s'en répentent toft ou tard. Il y
avoit dans la boëte qu'il choifit un
poifon tres-fubtil, dont il compofa
des pilules , qu'il fit prendre à
la Princeffe , qui mourut à l'heure même. Auffi _ toft le Roi fit
arrêter ce Medecin ignorant, &
le condamna à mort.

Cet exemple , pourfuivit Damna , vous montre qu'il ne faut
jamais dire ni faire une chofe
qu'on ne fçait pas. On voit à
voftre phyfionomie , interrompit un des Affiftans , que vous
ne valez rien , & que vous eftes
un fourbe. Alors le Juge demanda à celui qui venoit de parler,
quelle certitude il avoit de ce
qu'il avançoit. Les Phyfi nomi-
ftes remarquent , répondit _ il ,
que ceux qui ont les fourcils fé-
parez , l'œil gauche chaffieux &

plus grand que l'œil droit, le nez tourné du cofté gauche, & qui faifant les hypocrites, ont toûjours les yeux baiſſez en terre, font ordinairement traiftres & flateurs : C'eft pourquoi, Damna ayant tous ces fignes, j'ai crû dire la verité, en difant qu'il ne valoit rien. Voftre fcience n'eſt pas feure, s'écria Damna, c'eſt Dieu qui nous forme comme il lui plaift, & nous donne telle phyfionomie que bon lui femble : Si ce que vous dites eftoit vrai, & que chacun portât écrit fur fon vifage tout ce qu'il a dans l'ame, & que par là on pût fans fe tromper, diftinguer les bons des méchans, il ne feroit pas befoin d'avoir des Juges & des Témoins pour terminer les differens qui naiſſent dans la vie civile. Il feroit même injufte de faire jurer les uns, & de donner la queftion aux autres, pour en tirer la vérité, puis qu'on la verroit si clairement. D'ailleurs, si les signes dont vous venez de parler, impofoient une néceffité aux perfonnes qui les ont, ne feroit-ce pas encore une injufti- ce de châtier les mechans, puis qu'ils ne font pas libres dans leurs actions. Il faudroit donc conclure, fuivant cette maxime, que fi je fuis caufe de la mort de Chotorbé (ce qui n'eft pas) je ne mérite point de châtiment, puifque je ne fuis pas maiftre de mes actions, & que j'ai efté for- cé par les marques que je porte. Vous voyez donc par ce raifon- nement que le voftre n'eft pas bon. Damna ayant fermé la bouche à celui des Affiftans qui venoit de parler, perfonne n'o- fa plus rien dire : ce qui obligea le Juge de renvoyer Damna en- core une fois en prifon ; & ce-

T iiij

pendant on raporta au Roi tout ce qui s'eſtoit paſſé.

Damna eſtant en priſon, vou-lut envoyer quelqu'un à Kalile, pour lui dire qu'il la prioit de le venir voir: Mais un Renard, qui ſe trouva là par hazard, lui épar-gna cette peine, en lui apre-nant la mort de Kalile, à qui la douleur de voir ſon mari dans une ſi méchante affaire, avoit ôtè la vie. Cette nouvelle tou-cha ſi vivement Damna, que ne ſe ſouciant plus de vivre, il pa-rut inconſolable. Le Renard eſ-ſayoit de le conſoler, en lui di-ſant que s'il avoit perdu une femme ſi chere, il avoit en ré-compenſe trouvé en lui un ami fidele. Damna voyant qu'il n'a-avoit plus perſonne en qui il pût avoir de la confiance, & que ce Renard lui offroit ſes ſervices de bonne grace, il les receut. Je

vous prie , lui dit Damna , d'aller à la Cour , & de me raporter fidelement ce qu'on y dit de
moi : c'eſt la premiere preuve
d'amitié que je vous demande.
Tres-volontiers , répondit le Renard. Adieu , je vous laiſſe , je
vais obſerver ce qui ſe paſſe à
la Cour.. En même tems il partit. Le lendemain à la pointe du
jour la Mere du Lion alla trouver ſon fils , à qui elle demanda ce qu'on avoit fait de Damna.. Il eſt encore en priſon , répondit le Roi. Vous avez bien
de la peine à le condamner , reprit la Mere : craignez qu'il ne
vous échappe à la fin par ſon
adreſſe. Si vous voulez eſtre preſente , dit le Roi , vous verrez
ce qui ſe réſoudra. Aprés avoir
dit cela , il ordonna qu'on fiſt
venir Damna , afin qu'on termi-
nât ſon affaire. Cet Ordre fut

exécuté promptement , & le prisonnier estant en presence des Juges qui s'estoient assem-blez, le Lieutenant se leva, & fit la mesme demande que le jour précedent : c'est-à-dire, qu'il pria encore les Assistans de parler , s'ils avoient quelque chose à déposer contre Damna : Mais personne ne dit rien. Ce que remarquant Damna : Je voy bien , s'écria-t'il , que personne ne veut porter aucun faux té-moignage , de peur de s'expo-ser au châtiment qu'éprouva le Fauconnier , pour avoir soutenu une fausseté.

FABLE

D'une Femme vertueuse, & d'un Valet impudent.

UN Bourgeois fort honneste homme avoit une femme aussi sage que belle : Il avoit pour Valet un garçon fort vitieux ; mais il ne pouvoit se résoudre à le mettre dehors, parce qu'il estoit bon Fauconnier. Or comme c'est la coûtume du Levant de tenir les femmes cachées, suivant cette Loy ce Valet n'avoit jamais vû sa Maitresse : mais un jour l'ayant vûë par hazard, il en devint passionnément amoureux : Il la fit solliciter par une confidente à satisfaire ses sales desirs ; mais il perdoit toutes ses peines, parce qu'il avoit affaire à une femme tres-vertueuse. A la fin defefperant de s'en faire aimer, fon amour fe changea en haine, & il médita une fanglante vangeance. Pour cet effet il alla au Marché, & acheta deux Perroquets, à l'un defquels il aprit à prononcer ces mots · *J'ay veu la Maitreffe couchée avec le Valet*; & à l'autre : *Pour moy, je ne dis mot.* Peu de tems aprés le Bourgeois ayant convié quelques-uns de fes amis à un feftin, & tout le monde eftant à table, ces Perroquets commencerent à répeter leur leçon. Il faut fçavoir que le Valet leur avoit apris à dire ces paroles dans le langage de fon païs : ce que le Maitre, la Maitreffe, & les autres domeftiques n'entendant pas, perfonne ne prenoit garde à cela ; mais les conviez, qui par hazard eftoient du païs du Valet, n'eurent pas plûtoft oüi les Perroquets, qu'ils cefferent de manger. Le Bourgeois étonné, leur en demanda le sujet : N'entendez - vous pas , répondit un des conviez , ce que disent ces Oiseaux ? Non, repartit le Bourgeois ; Ils disent, reprit le même convié qui venoit de parler, que voftre Valet vous fait Cocu. Le Bourgeois fut tellement surpris d'entendre ces paroles , qu'il demanda pardon à ses amis de les avoir fait manger dans un lieu où se commettoit cette impureté. Le Valet se servant de cette occasion pour aigrir davantage son Maiftre contre sa femme, dit que cela eftoit vrai : ce qui mit le Bourgeois dans une si grande fureur, qu'il commanda qu'on fift mourir sa femme. Elle dit à ceux qui venoient pour éxécuter le commandement de son mari , qu'elle eftoit prefte à souffrir le supplice qu'il lui deftinoit : mais qu'elle auroit fou-

haité qu'il l'eût écoutée auparavant , parce que si son innocence estoit reconnuë , il se répen-
tiroit inutilement de l'avoir fait
mourir. Cela ayant esté raporté
au mari , il la fit venir dans un
petit cabinet , où lui ordonnant
de se tenir derriere un voile, il
lui dit de se justifier , si elle le
pouvoit : car ces Oiseaux , disoit-
il , ne sont pas raisonnables , &
par consequent on ne peut les
accuser de supposition ni de cor-
ruption ; Comment vous justifie-
rez-vous donc ? Vous estes obligé , répondit la femme , de bien
connoître la vérité , avant que
de me condamner. Sçachez ,
ajoûta-t'elle , de ces Messieurs , si
ces Oiseaux ont une suite de discours , ou s'ils répetent toûjours
la mesme chose. S'ils ne disent
que la mesme chose , soyez persuadé que c'est un artifice dont
s'est servi vostre Valet pour me

mettre mal en voftre efprit , ne
pouvant obtenir de moi les faveurs qu'il defiroit. Le Bourgeois jugeant par ce difcours que
fa femme pouvoit n'eftre pas coupable , alla trouver les conviez,
leur porta les Oifeaux , & les
fupplia de voir durant deux ou
trois jours fi ces Oifeaux diroient
quelqu'autre chofe que ce qu'ils
avoient entendu. Ce que les conviez firent. Ils trouverent en effet,
que les Perroquets ne fçavoient
que la même leçon: Ils en avertirēt
le Bourgeois, qui reconnut l'innocence de fa femme , & la malice
de fon Valet , qu'il envoya querir. Le Valet parut auffi - toft,
avec un Faucon fur le poing.
O : méchant , lui dit la femme ,
pourquoi m'avez - vous accuſéé
d'un fi lâche crime ? Parce que
vous l'avez commis , répondit le
Valet. Il n'eut pas plûtoft répondu cela , que le Faucon qui

estoit sur son poing, lui sauta au visage, & lui creva les yeux. Voilà quel fut le fruit de son insolence & de sa médisance.

Cet exemple, poursuivit Damna, nous fait voir de quelle importance il est de ne porter jamais un faux témoignage : car cela tourne toûjours à nostre confusion. Aprés que Damna eut cessé de parler, le Lion regardant sa Mere, lui demanda son avis. Je voy bien, répondit-elle, que vous aimez ce méchant, qui ne causera que du desordre en vostre Cour, si vous n'y prenez garde. Je vous supplie, reprit le Lion, de me dire qui vous a si fort prévenuë contre Damna. Il n'est que trop vrai, répliqua la Mere du Roi, qu'il a commis le crime qu'on lui impute ; mais je ne découvrirai pas la personne qui m'a confié ce secret. Cependant je vais sçavoir de lui,

lui , s'il veut que je l'apelle à témoin : Ce qu'elle fit à l'heure même ; elle se retira chez elle , & envoya querir le Leopard. Lors qu'il fut arrivé, elle lui dit: Viens, je te prie , declarer hardiment ce que tu sçais de Damna. Madame , répondit , le Leopard , vous sçavez que je suis prest à me sacrifier pour vostre Majesté, disposez de moi comme il vous plaira. La Mere du Lion mena aussi-tost le Leopard au Roi , à qui elle dit : Voici le témoin irreprochable que j'ai à produire contre Damna. Alors le Lion s'adressant au Leopard, lui demanda , quelles preuves il avoit de la perfidie de l'accusé. Sire , répondit le Leopard, j'ai voulu exprés cacher cette vérité pendant quelque tems , pour voir quelles raisons il aporteroit pour se justifier. Alors le Leopard fit un long recit de ce qui

V;

s'estoit passé entre Kalile & son mari. Cette déposition ayant esté faite en présence de plusieurs Animaux, elle ne tarda guere à estre divulguée par tout, & confirmée par un second Témoin, qui fut l'Ours dont j'ai cy - devant parlé. On confirma les Témoins, & on interrogea le criminel, qui ne sceut que répondre alors. Ce qui détermina enfin le Lion à prononcer son Arrest. Il le condamna à estre enfermé entre quatre murailles, où on le laissa mourir de faim.

Ces deux Chapitres doivent aprendre aux trompeurs & aux flateurs qu'ils doivent se corriger, & je pense avoir assez fait voir qu'un médisant a presque toûjours une fin malheureuse, outre qu'il se rend odieux dans la société. Celui qui plante des épines, ne doit pas esperer de cultiver des roses.

CHAPITRE III.

Comme il faut se faire des amis, & quels avantages on peut tirer de leur commerce.

VOus venez, dit le Roi, de me raconter l'Histoire d'un fourbe, qui sous de fausses apparences d'amitié, a causé la mort d'un innocent : Je vous prie de me dire de quelle utilité sont les amis dans la vie civile. Il faut, répondit le Bramine, que vostre Majesté sçache, que les honnestes gens n'estiment rien tant au monde qu'un véritable ami ; parce que c'est un autre nous-mêmes, à qui nous communiquons nos plus sécretes pen-

sées, qui partage nostre joye,
& qui nous console quand nous
sommes affligez : Ajoûtez à cela
que sa compagnie nous fait beaucoup de plaisir. La Fable que je
vas vous conter vous fera mieux
comprendre quelles sont les douceurs d'une amitié reciproque.

FABLE

D'un Corbeau, d'un Rat, d'un Pigeon, d'une Tortuë, & d'une Gazelle.

IL y avoit aux environs de
Cachmir un lieu tres - agreable ; & comme il estoit rempli de
gibier, on y voyoit tous les
jours des Chasseurs. Un Corbeau aperceut au pied d'un arbre, au haut duquel il avoit son
nid, un homme qui tenoit un
filet en sa main. Le Corbeau
eut peur, s'imaginant que c'estoit

à lui que le Chasseur en vouloit: Neanmoins il cessa de craindre, lors qu'il eut observé les mouvemens du personnage, lequel aprés avoir tendu son filet à terre, & répandu quelques grains pour attirer les Oiseaux, alla se cacher derriere une haye. Il n'y fut pas plûtost, qu'une troupe de Pigeons affamez vint fondre sur les grains, sans écouter leur Chef. qui voulut les en empêcher, en leur disant qu'il ne faloit pas si brutalement s'abandonner à ses passions. Ce sage Chef, qui estoit un vieux Pigeon nommé *Montavaca*, les voyant si indociles, eut envie de s'éloigner d'eux; mais le destin qui nous entraine imperieusement, le contraignant de suivre la fortune des autres, il descendit à terre avec eux. Lors qu'ils se virent tous sous le filet, & sur le point de tomber entre les mains du Chaffeur qui s'avançoit pour les prendre : Hé bien, leur dit Montavaca , me croirez - vous une autre fois ? Je voy bien, continüa-t'il , s'apercevant qu'ils fe débattoient , que chacun de vous ne fonge qu'à fe fauver, fans fe foucier de ce que deviendra fon compagnon. Ce n'eſt pas là le procedé des vrais amis. Il faut fonger à fe foulager les uns les autres ; & peut - être qu'une action fi charitable nous fauvera tous. Efforçons - nous donc tous enfemble de rompre le filet : ils obéïrent tous à Montavaca , & firent en même tems un fi grand effort qu'ils arrache-rent le filet , & l'enleverent en l'air. Le Chaffeur fâché de per-dre une fi belle proye , fuivit les Pigeons, dans l'efperance que la pefanteur du filet les lafferoit.

Cependant le Corbeau voyant tout cela , dit en lui - même ;

Voilà une avanture bien singu-
liere , j'en veux voir la fin ;
pour cet effet il suivit de loin
les Pigeons. Montavaca remarquant que le Chaffeur paroiffoit
réfolu de ne les point abandonner ; Ce méchant homme , dit-
il à fes compagnons , ne ceffe-
ra point de nous fuivre , qu'il
ne nous ait perdu de vûë : Alons
du cofté des Bois & des vieux
Châteaux, afin que quelque muraille , ou quelque foreft bien
épaiffe , en nous dérobant à fes
yeux , l'oblige à fe retirer. Effectivement cet expedient réüffit :
une foreft empêchant bien - toft
le Chaffeur de les voir, il retourna fur fes pas fort affligé. Pour
le Corbeau , il lès fuivoit toûjours , & il n'avoit pas peu de
curiofité de fçavoir comment ils
fe dégageroient du filet qui les
tenoit liez , afin de fe fervir de
ce fecret en pareil cas. Les Pi-

geons ne voyant plus le Chaſſeur
à leurs trouſſes , ſentirent beaucoup de joye ; mais ils ne ſça-
voient que faire pour briſer leurs
liens : Montavaca qui eſtoit fer-
tile en inventions , en trouva
une pour cela. Il faut , leur dit
il , nous adreſſer à quelque inti-
me ami , qui ſans trahiſon nous
détache : Je connois , ajoûta-t'il ,
un Rat qui ne demeure pas loin
d'ici : c'eſt un fidele ami , il ſe
nomme Zirac ; il pourra ronger
le filet , & nous donner la liberté. Les Pigeons qui ne demandoient pas mieux , y conſenti-
rent. Ils arriverent bien-tôt auprés
du trou où eſtoit le Rat , qui ſortit
au bruit des aiſles. Il fut fort ſurpris de voir Montavaca ainſi en-
veloppé dans un filet. O mon
cher ami , lui dit-il , qui vous a
mis en cet état ? Montavaca lui
ayant conté toute l'avanture ,
Zirac commença d'abord à ronger

ger le fil qui tenoit Montavaca ;
mais Montavaca lui dit : Je te
prie de dégager premierement
mes compagnons. Zirac qui souf-
froit à le voir ainsi lié, conti-
nüoit sa besogne. Je te conjure
encore une fois, s'écria Montavaca, de mettre mes compagnons
en liberté auparavant moi : Car
outre qu'estant leur Chef, je suis
obligé d'en avoir soin, je crains
que la peine que tu prendras à
me détacher, ne t'empêche de
continüer à rendre ce bon office aux autres : au lieu que l'amitié que tu as pour moi t'exci-
tera à les délivrer promptement
pour venir rompre mes chaînes.
Le Rat admirant ce raisonnement,
loüa la vertu de Montavaca, &
se mit à briser les liens des Pigeons : ce qui fut bien-tost fait.
Montavaca se voyant en liberté
avec ses compagnons, prit congé de Zirac, en lui faisant mille
X

remercîmens. Dés qu'ils furent partis, le Rat rentra dans son trou.

Le Corbeau qui confideroit tout cela, eut une extréme envie de faire connoiſſance avec Zirac. Pour cet effet il s'aprocha du trou, & apella le Rat par son nom. Zirac effrayé de cette voix inconnuë, demanda qui eſtoit là. Le Corbeau répondit : C'eſt un Corbeau qui a quelque choſe d'important à te communiquer. Quelle affaire, reprit le Rat, pouvons -nous avoir enſemble, nous qui ſommes ennemis ? Alors le Corbeau lui dit, qu'il ſouhaitoit d'eſtre des amis d'un Rat qu'il ſçavoit eſtre un ami ſincere. Je te prie, repartit Zirac, de chercher un animal dont l'amitié convienne mieux à la tienne : Tu perds le tems à me vouloir perſuader une amitié incompatible. Ne vous arreſtez

point à ces incompatibilitez,
dit le Corbeau, & faites une
action genereuse, en ne refusant à personne le secours qu'il
desire de vous. Vous avez beau,
repliqua Zirac, me parler de
generosité, je connois trop vos
finesses; en un mot, nous sommes d'une espece si differente,
que nous ne pouvons avoir de
communication ensemble. L'e-
xemple de la Perdrix qui accorda trop légérement son amitié à
un Faucon qui la lui demandoit,
me rendra sage.

FABLE

D'une Perdrix, & d'un Faucon.

UNe Perdrix, poursuivit Zirac, se promenoit au pied
d'une coline, & chantoit si
agreablement, qu'un Faucon

qui paſſoit par là, & qui l'entendit, ſouhaita d'avoir ſon amitié. Perſonne ne peut vivre ſans
un ami, diſoit-il en lui-meſme :
puiſque les Sages diſent que ceux
qui n'ont point d'amis, ſont
dans une maladie continüelle. Il
voulut donc s'aprocher de la
Perdrix ; mais elle ne l'eut pas
plûtoſt aperceu, qu'elle ſe ſauva
dans un trou agitée d'une frayeur
mortelle. Le Faucon ne laiſſa pas
de la ſuivre, & ſe preſentant à
l'entrée du trou : O ma chere
Perdrix, lui dit-il, j'ai eu juſqu'ici de l'indifference pour
vous, parce que je ne connoiſ-
ſois pas voſtre mérite ; mais puiſque mon bonheur me le fait
connoître aujourd'hui, trouvez
bon que je vous offre mon amitié, & que je vous prie de m'accorder la voſtre. Tiran, répondit
la Perdrix, laiſſes moi vivre, &
ne t'efforces pas inutilement

d'accorder l'eau & le feu. Aimable Perdrix, repliqua le Faucon, banniſſez ces vaines craintes, ſoyez perſuadée que je vous aime, & que je veux avoir commerce avec vous : Si j'avois un autre deſſein, je ne m'amuſerois point à vous parler avec tant de douceur pour vous faire ſortir de ce trou ; j'ai de ſi bonnes ſerres, que j'aurois déja attrapé plus d'une douzaine de Perdrix, depuis le tems qu'il y a que je m'entretiens avec vous. Je ſuis ſeur que vous ſerez bien-aiſe d'eſtre mon amie. Premierement, aucun Faucon ne vous fera du mal dés que vous ſerez ſous ma protection. Secondement, eſtant dans mon nid , vous ſerez honorée de tout le monde : & enfin je vous donnerai une femelle qui vous tiendra compagnie. Quand tout cela ſeroit vrai, repartit la Perdrix, je ne dois pas accepter

la propoſition que vous me faites : car vous eſtant le Prince
des Oiſeaux , & moi un foible
animal , ſi-toſt que je ferai quelque choſe qui vous ſera deſa-
greable , vous ne manquerez
pas de me tuer. Non , non, dit
le Faucon , ayez l'eſprit én repos là-deſſus : On pardonne ai-
ſément une faute à un ami. Enfin le Faucon témoigna tant d'a-
mitié à la Perdrix , qu'elle ne
put ſe défendre de ſortir de ſon
trou. Elle n'en fut pas plûtoſt
dehors , que le Faucon ſe mit à
l'embraſſer tendrement : Il la
porta dans ſon nid , où pendant deux ou trois jours il ne
ſongea qu'à la divertir. La Perdrix
ravie de ſe voir tant careſſée,
voulut parler plus librement
qu'elle n'avoit fait encore : ce
qui commença de déplaire au
Faucon , mais il diſſimula. Un
jour il tomba malade , ce qui

s'empêcha d'aller à la chasse : la faim vint ; & comme il n'avoit pas de quoi la satisfaire, il devint chagrin. Sa mavaise humeur allarma la Perdrix, qui se tenoit en un coin dans une contenance fort modeste : mais le Faucon ne pouvant plus souffrir la faim qui le pressoit, résolut de faire à la Perdrix une querelle d'Allemand. Il n'est pas raisonnable, lui dit-il brusquement, que vous soyez à l'ombre, pendant que tout le monde est exposé à l'ardeur du Soleil. La Perdrix répondit en tremblant : Roi des Oiseaux, il est déja nuit, tout le monde est à l'ombre aussi-bien que moi, & je ne sçai de quel Soleil vous voulez parler. Insolente, repliqua le Faucon, est-ce que je suis un menteur ou un insensé ? En disant cela, il se jetta sur elle, & la mangea.

N'espérez donc plus, poursuivit le Rat, que sur la foi de vos promesses je me mette au hazard d'éprouver avec vous le même sort. Entrez en vous-même, répondit le Corbeau, & songez que je ne puis faire un grand régal d'un petit corps comme le voftre : mais je fçai que voftre amitié me peut eftre fort utile. Ne me refufez donc pas cette grace. Les Sages, reprit le Rat, nous avertiffent de prendre garde de nous laiffer aller aux belles paroles de nos ennemis, comme ce Cavalier, dont voici l'Hiftoire.

FABLE

D'un homme, & d'une Couleuvre.

UN homme monté fur un Chameau paffoit par un boccage : Il alla fe repofer dans

un endroit d'où une caravane
venoit de partir , & où elle avoit
laissé du feu , dont quelques
étincelles poussées par le vent,
enflammoient un buisson , dans
lequel il y avoit une couleuvre.
Elle se trouva si promptement
environnée de flammes , qu'elle
ne sçavoit par où sortir. Elle
apperceut en ce moment cet homme dont je viens de parler , &
elle le pria de lui sauver la vie.
Comme il estoit naturellement
pitoyable , il dit en lui-même :
Il est vrai que ces animaux sont
ennemis des hommes , mais aussi
les bonnes actions sont tres-esti-
mables : & quiconque séme la
grene des bonnes œuvres , ne
peut manquer de cueillir le fruit
des benedictions. Aprés avoir
fait cette reflexion , il prit un
sac qu'il avoit , & l'ayant attaché au bout de sa lance , il le
tendit à la couleuvre , qui se

jetta auſſi-toſt dedans. L'homme
auſſi-toſt le retira , & en fit ſortir
la Couleuvre , lui diſant qu'elle
pouvoit aller où bon lui ſemble-
roit , pourveu qu'elle ne nuiſiſt
plus aux hommes, aprés en avoir
receu un ſi grand ſervice. Mais la
Couleuvre répondit : Ne penſez
pas que je veüille m'en aller de
la ſorte : je veux auparavant jetter ma rage ſur vous & ſur voſtre
Chameau. Soyez juſte , repliqua
l'Homme , & dites moi s'il eſt
permis de récompenſer le bien
par le mal. Je ne ferai en cela ,
repartit la Couleuvre , que ce
que vous faites vous - même tous
les jours , c'eſt-à-dire , recon-
noiſtre une bonne action par une
mauvaiſe , & payer d'ingratitude
un bienfait receu. Vous ne ſçau-
riez , reprit l'Homme , prouver
cette propoſition ; & ſi vous me
montrez quelqu'un qui ſoit de
voſtre opinion , je conſentirai à

tout ce que vous voudrez. Hé
bien, repartit la Couleuvre, qui
voyant une Vache, dit : Propo-
sons à cette Vache noftre queftion, & nous verrons ce qu'elle
répondra. L'Homme y ayant
confenti, ils s'aprocherent de la
Vache, à qui la Couleuvre demanda comment il faloit reconnoiftre un bienfait? Par fon contraire, répondit la Vache, felon
la loi des hommes ; & je fçai cela par experience : J'apartiens,
ajoûta-t'elle, à un homme qui
tire de moi mille profits ; je lui
donne tous les ans un Veau, je
fournis fa maifon de lait, de
beurre & de fromage ; & à prefent que je fuis viéille, & que je
ne fuis plus en état de lui faire
du bien, il m'a mis dans ce pré
pour m'engraiffer, dans le deffein de me faire couper la gorge
un de ces jours par un Boucher,
à qui il m'a déja venduë. N'eft-

ce pas là recompenſer le bien par le mal. La Couleuvre prit la parole, & dit à l'homme : Hé bien, ne vous ai - je pas voulu traiter ſelon vos coûtumes ? L'Homme fut fort étonné, & répondit : Ce n'eſt pas aſſez d'un témoin pour me convaincre, il en faut deux. Je le veux, repliqua la Couleuvre, adreſſons-nous à cet Arbre qui eſt devant nous. L'Arbre ayant apris le ſujet de leur diſpute, leur dit : Parmi les hommes les biensfaits ne ſont récompenſez que par des maux, & je ſuis un triſte exemple de leur ingratitude. Je garantis les paſſans de l'ardeur du Soleil : oubliant toutefois bien-toſt le plaiſir que leur a fait mon ombrage, ils coupent mes branches, en font des bâtons & des manches de coignée, & par une horrible barbarie ils ſcient mon tronc pour en faire des ais. N'est-ce pas là mal reconnoiftre un bienfait receu ? La Couleuvre alors regardant l'Homme, lui demanda s'il eftoit fatisfait ; il ne fçavoit que répondre, tant il eftoit confus ; neanmoins cherchant à fe tirer d'affaire, il dit à la Couleuvre : Prenons encore pour juge le premier animal que nous rencontrerons ; donne-moi cette fatisfaction, je t'en prie, car tu fçais que la vie eft fort chere. Pendant qu'il parloit ainfi, il paffa par là un Renard que la Couleuvre arrêta, le conjurant de mettre fin à leur different. Le Renard voulut fçavoir de quoi il s'agiffoit. J'ai rendu un grand fervice à la Couleuvre dit l'Homme, & elle me veut perfuader que pour récompenfe il me faut faire du mal. Elle a raifon, s'écria le Renard ; mais aprenez moi quel bien elle a receu

de vous. L'Homme lui raconta
de quelle maniére il l'avoit retirée des flammes avec le petit
fac qu'il lui montra. Quoi, reprit le Renard en riant, vous
prétendez me faire acroire qu'u-
ne fi groffe couleuvre eft entrée dans un fi petit fac? cela me
paroift impoffible; & fi la Couleuvre veut y rentrer pour m'en
convaincre, j'aurai bien-toft ju-
gé voftre affaire. Tres - volontiers, répondit la Couleuvre:
en même tems elle entra dans
le fac. Alors le Renard dit à
l'Homme: Tu es maiftre de la
vie de ton ennemi, fers toi de
cette occafion. L'Homme auffi-
toft lia le fac, & le frappa tant
de fois contre une pierre, qu'il
affomma la Couleuvre, & finit
par ce moyen la crainte de l'un,
& les difputes de l'autre.

Cette Fable, pourfuivit le
Rat, vous aprend qu'il ne faut

point fe fier aux belles paroles de fes ennemis , de peur de tomber dans de pareils accidens. Tu as raifon , dit le Corbeau, mais il faut auffi fçavoir bien diftinguer les amis des ennemis : & je te jure que je ne m'éloignerai pas d'ici que tu ne m'ayes accordé ton amitié. Zirac voyant que le Corbeau agiffoit franchement , lui dit : C'eft un honneur pour moi de porter le titre de ton ami ; & fi j'ai fi longtems refifté à tes follicitations, ce n'a efté que pour t'éprouver, & pour te faire voir que je ne manque pas d'efprit & d'adreffe. En difant cela , il fortit ; mais il demeura à l'entrée du trou. Pourquoi ne fors-tu hardiment , demanda le Corbeau ? Eft-ce que tu n'es pas encore affuré de mon affection ? Ce n'eft point cela , répondit le Rat , mais je crains tes compagnons qui font fur ces

arbres. Sois sans inquiétude là-
dessus, repliqua le Corbeau ; ils
te regarderont comme leur ami,
car c'est une de nos coûtumes,
que quand un d'entre nous lie
une étroite amitié avec un animal d'une autre espece, nous ai-
mons tous cet animal. Le Rat
sur la foi de ces paroles s'aprocha du Corbeau, qui lui fit force
caresses, lui jurant une amitié
inviolable, & le priant d'aller demeurer avec lui chez une Tortuë de ses amies, dont il lui
vanta le bon caractere. J'ai con-
çû tant d'inclination pour vous,
dit le Rat, que je vous suivrai
par tout desormais, comme vostre
ombre. Aussi – bien ce lieu n'est
pas ma propre demeure : je ne
me suis refugié ici que par un
accident, que je vous raconte-
rois, si je ne craignois de vous
ennuyer. Le Corbeau lui répondit : Mon cher ami, pouvez-vous

avoir

avoir cette crainte, & ne devez-
vous pas estre ſperſuadé que je
prens part à tout ce qui vous
regarde ? Mais la Tortuë, ajoûta-t'il, dont l'amitié eſt une bonne acquiſition que vous ne pouvez manquer de faire , ſera bien
aiſe d'entendre le recit de vos
avantures. En même tems il prit
le Rat dans ſon bec., & le porta
chez la Tortuë , à laquelle il aprit
ce qu'il avoit vû faire à Zirac.
Elle félicita le Corbeau de s'eſtre
acquis un ami ſi parfait, & elle
careſſa beaucoup le Rat , qui de
ſon coſté ſçavoit trop bien vivre
pour ne lui témoigner pas qu'il
eſtoit extrémement ſenſible à toutes les honneſtetez qu'elle lui faiſoit. Aprés beaucoup de complimens faits de part & d'autre , ils
allerent tous trois ſe promener
au bord d'une fontaine. Enſuite
ayant choiſi un endroit fort écar-
té du grand chemin , le Corbeau

presša Zirac de raconter šes avantures ; ce qu'il fit de cette forte :

F A B L E

Des avantures de Zirac.

IE fuis né, & je demeurois
dans une ville des Indes nom-
mée *Marout* ; j'avois choiši un
lieu où regnoit le šilence, pour
vivre šans inquiétude ; je gou-
tois les douceurs d'une vie tranquile avec quelques Rats de mon
humeur : Il y avoit en noštre voi-
šinage un Moine qui še tenoit
dans šon Monaštere , pendant
que šon Compagnon alloit à la
Quešte : il mangeoit une partie
de ce qu'il lui aportoit , & gardoit l'autre pour šon šouper ;
mais il ne trouvoit jamais šon
plat dans le même état qu'il l'a-
voit laiššé , car pendant qu'il

eſtoit dans ſon jardin , je me rempliſſoiš la panſe , & j'apellois mes compagnons , qui s'acquittoient auſſi - bien que moi de leur devoir. Le Moine voyant ſa pitance diminüée , peſtoit contre nous , & cherchoit dans ſes Livres quelque recette , ou quelque machine pour nous prendre: mais tout cela ne lui ſervoit de rien , parce que j'eſtois toûjours plus fin que lui. Un jour un de ſes amis qui venoit de faire un long voyage , entra dans ſa cellule pour le voir : Aprés qu'ils eurent dîné , ils ſe mirent à s'entretenir des voyages. Le Moine demanda à ſon ami ce qu'il avoit vû de plus rare & de plus curieux dans les païs étrangers : Le Voyageur commença de lui raconter tout ce qu'il y avoit remarqué de plus beau ; mais pendant qu'il s'amuſoit à lui faire la deſcription des endroits

agreables par où il avoit paſſé,
le Moine l'interrompoit de tems
en tems par le bruit qu'il faiſoit en frapant ſes mains l'une
contre l'autre , & battant du
pied contre terre pour nous
chaſſer , parce qu'effectivement
nous faiſions ſouvent des ſorties
ſur ſes proviſions, ſans nous ſou-
cier de l'incivilité qu'il commettoit. Le Voyageur à la fin trouvant mauvais que le Moine ne
l'écoutât pas , lui dit bruſque-
ment : Vous ne deviez pas me
retenir ici pour vous mocquer
de moi. Dieu me garde , répondit le Moine tout ſurpris,
de me mocquer d'une perſonne
de voſtre mérite. Je vous demande pardon de vous avoir in-
terrompu : mais il y a dans ce
Monaſtere une troupe de Rats, qui
me mangeront juſqu'aux oreilles ; & il y en a un ſur tout qui
eſt ſi hardi , qu'il me vient mor-

dre le nez quand je fuis au lit ,
& je ne fçai que faire pour l'a-
traper. Le Voyageur parut fatisfait des excufes du Moine , & lui
dit : Il y a quelque miftere en
ceci , & cette avanture me fait
fouvenir d'une Hiftoire que je
vous raconterai , pourveu que
vous m'écoutiez avec attention.

F A B L E

D'un Mari, & de fa Femme.

UN jour le mauvais tems ,
continüa-t'il , m'obligea de
m'arrêter dans un Bourg , où
j'alai loger chez un de mes amis,
qui me receut fort honneftement.
Aprés le fouper , il me fit monter , pour me repofer , dans une
chambre qui n'eftoit féparée de
la fienne que par une cloifon
de bois , d'où j'entendis malgré
moi la converfation qu'il eut

avec ſa femme. Je veux, lui dit-
il, convier demain matin les
principaux de ce Bourg, pour
donner quelque divertiſſement
à mon ami, qui m'a fait l'honneur de me venir voir. Vous
n'avez pas de quoi entretenir
voſtre famille, lui répondit ſa
femme, & toutefois vous parlez
de faire beaucoup de dépenſe.
Pénſez plûtoſt à ménager un peu
de bien à vos enfans, & non
pas à faire des feſtins. La Providence de Dieu eſt grande, repliqua le Mari, & il ne faut pas
ſonger au lendemain, de peur
qu'il ne nous arrive ce qui arriva au Loup. Je vais, ajoûta-t'il,
te faire le recit de cette avanture.

FABLE

D'un Chasseur, et d'un Loup.

UN grand Chasseur revenant un jour de la Chasse avec un Dain qu'il avoit pris, aperceut un Sanglier qui sortoit d'un Bois, & qui venoit droit à lui. Bon, dit le Chasseur, cette bête augmentera ma provision. Il banda son arc aussi-tost, & décocha sa fléche si adroitement, qu'il blessa le Sanglier à mort. Cet animal se sentant blessé, vint avec tant de furie contre le Chasseur, qu'il lui fendit le ventre avec ses défenses, de maniere qu'ils tomberent tous deux morts sur la place.

Dans ce tems-là il passa par cet endroit un Loup affamé, qui voyant tant de viandes par terre, en eut une grande joye. Il ne faut pas, dit-il en lui-même, prodiguer tant de biens ; mais je dois, ménageant cette bonne fortune, conserver toutes ces provisions : neanmoins comme il avoit faim, il en voulut manger quelque chose. Il commença par la corde de l'arc, qui estoit de boyau : mais il n'eut pas plûtost coupé la corde, que l'arc, qui estoit bien bandé, lui donna un si grand coup contre l'estomach, qu'il le jetta tout roide mort sur les autres corps.

Cette Fable, poursuivit le mari, fait voir qu'il ne faut point estre avare. Puisque cela est ainsi, lui dit sa Femme, invitez à dîner demain qui bon vous semblera.

Le lendemain, comme elle aprestoit à dîner, & qu'elle faisoit une sauce avec du miel qu'elle avoit acheté, elle vit tomber

dans

dans le pot au miel un Rat qui lui fit mal au cœur. Ne voulant plus se servir de ce miel , elle le porta au Marché , & prit des poix en échange. Je me trouvai par hazard prés d'elle alors , & je lui demandai pourquoi elle faisoit un marché si desavanta- geux , & donnoit le miel au prix des poix. C'est qu'il vaut moins que les poix , me répondit-elle tout bas. Je ne doutai plus aprés cela qu'il n'y eût quelque miste- re là-dessous. Il en est de même de ce Rat : Il ne seroit pas si har- di , s'il n'avoit une raison de l'estre que nous ne sçavons pas. Pour moi , je croi qu'il y a quel- que argent caché dans son trou. Le Moine n'eut pas plûtost en- tendu parler d'argent , qu'il prit une coignée , & fit si bien , qu'en perçant la muraille , il découvrit mon trésor , qui estoit une som- me de mille deniers d'or , que

Z

j'avois amaſſez avec peine : Je les contois tous les jours , je prenois plaiſir à les manier , & à me rouler deſſus, faiſant en cela conſiſter tout mon bonheur. Hé bien , dit le Voyageur au Moine , n'avois-je pas raiſon d'atribüer l'inſolence de ces Rats à une cauſe que nous ignorions.

Je vous laiſſe à penſer du deſeſpoir dont je fus ſaiſi , quand je vis ma demeure ravagée de la ſorte : Je réſolus de changer de logis , mais tous mes compagnons me quitterent , & me firent bien éprouver la vérité de ce Proverbe : *Quiconque n'a point d'argent , n'a point d'ami.* D'ailleurs , les amis d'aujourd'hui ne nous aiment qu'autant que nôtre amitié leur eſt avantageuſe. Un jour on demandoit à un homme qui eſtoit riche, & qui avoit de l'eſprit, combien il avoit d'amis. Pour des amis du ſiécle,

répondit-il, j'en ai autant que
d'écus ; mais pour des amis véri-
tables, il faut attendre que je
fois dans la mifere, car c'eft alors
qu'on les connoit.

Pendant que je faifois des reflexions fur l'accident qui m'eftoit
arrivé, je vis paffer devant moi
un Rat qui avoit efté tellement
attaché à moi, qu'il fembloit ne
pouvoir vivre un moment fans
me voir. Je l'apellai, & lui demandai, pourquoi il me fuïoit
comme les autres ? Penfes - tu,
me répondit-il, que nous foyons
fi fous que de t'aller fervir pour
rien ? Lorfque tu eftois riche,
nous eftions tes ferviteurs : mais
à prefent que tu es pauvre, nous
ne voulons point nous affocier
à ta pauvreté, parce que les plus
miferables de ce monde font ceux
qui n'ont rien. Tu ne dois pas
tant méprifer les pauvres , lui
dis-je, puis qu'ils font cheris de

Dieu. Il est vrai, repartit-il ; mais ce ne sont pas les pauvres qui sont faits comme toi : Dieu aime ceux qui ont quitté le monde , & non pas ceux que le monde a quittés. Je ne sçûs que répondre à ces paroles. Je demeurai pourtant encore chez le Moine , pour voir ce qu'il feroit de l'argent qu'il m'avoit ôté. Je remarquai qu'il en donna la moitié à son ami , & que chacun mettoit sa part sous son chevet : J'eus envie de leur aller enlever cet argent ; pour cet effet , je m'aprochai douce-ment du lit du Moine : mais son ami qui observoit toutes mes actions , sans que je m'en aper-çusse , me jetta un bâton si ru-dement, qu'il me rompit quasi le pied : ce qui m'obligea de ga-gner promptement mon trou, ce ne fut pourtant pas sans pei-ne. Une heure aprés j'en sortis pour la seconde fois, croyant le

Voyageur endormi : mais il faifoit trop bien la fentinelle , parce qu'il craignoit de perdre fa bonne fortune. De mon cofté je ne perdis point courage , j'avançai, & j'eftois déja prés du chevet du Moine , lorfque ma témerité me penfa coûter la vie. Le Voyageur me donna un fecond coup fur la tefte fi adroitement , que me fentant tout étourdi , je ne pouvois prefque retrouver l'entrée de mon trou. Cependant le Voyageur me jetta pour la troifiéme fois un bâton ; mais comme il ne m'atrapa point, j'eus le loifir de gagner mon azile , où je ne fus pas plûtoft, que je proteftai de ne pourfuivre plus une chofe qui m'avoit tant coûté de peines & d'inquiétudes. Enfuite de cette réfolution je fortis du Monaftere, & me retirai dans l'endroit où vous m'avez vû avec le Pigeon. La Tortuë fut

Z iij

bien-aife d'avoir apris les avantures du Rat, qui lui dit en la
careffant : Vous avez bien fait
d'abandonner le monde & fes in-
trigues, puis qu'on n'y fçauroit
trouver une parfaite fatisfaction.
Tous ceux que l'avarice & l'ambition agitent, fe procurent la
mort, comme le Chat, dont
vous ne ferez pas fâché d'entendre l'Hiftoire.

F A B L E

D'un Chat gourmand.

VN homme nourriffoit chez
lui un Chat fort frugale-
ment ; mais le Chat, qui eftoit
gourmand, ne fe contentant pas
de fon ordinaire, furetoit de
tous coftez pour atraper quelque bon morceau. Paffant un
jour au pied d'un Colombier, il
y vit de petits Pigeons qui n'a-

voient presque pas de plume en_
core. L'extréme desir qu'il avoit
de tâter d'une viande si délicate,
lui faisoit venir l'eau à la bouche. Il monta au Colombier,
sans regarder si le maistre y
estoit, & il se préparoit à satisfaire ses desirs : mais le maistre
ne vit pas plûtost mon drole de
chat entré, qu'il ferma la porte
& les endroits par où il pouvoit
sortir, il fit si bien qu'il l'atrapa, &
il le pendit dans un coin du Colombier. Le maistre du Chat
passa par hazard par là ; & quand
il vit son Chat pendu : Ah mal_
heureux gourmand, lui dit - il,
si tu t'estois contenté de ton
petit ordinaire, tu ne serois pas
maintenant en cet état ! Voilà
comment les gens insatiables cau-
sent leur propre mort. Outre cela, les biens de ce monde n'ont
point de constance. Les Sages
disent qu'il y a six choses dont il

ne faut point efperer de fidelité.

1. D'une Nuée, car elle fe
diffipe en un inftant.

2. D'une feinte amitié, parce
qu'elle paffe comme un éclair.

3. De l'amour d'une femme,
parce qu'elle change pour une
bagatelle.

4. De la beauté, car la moindre injure du tems, une difgrace
ou une maladie la détruit.

5. Des fauffes loüanges, car
ce n'eft que de la fumée.

6. Des biens de ce monde,
puifque tout finit toft ou tard.

Les gens d'efprit, continüa le
Rat, ne s'attachent jamais à la
recherche de toutes ces chofes
vaines : il n'y a que l'acquifition
d'un véritable ami qui les puiffe
tenter. Le Corbeau prenant la
parole, dit : Il eft vrai qu'il n'eft
rien de comparable à une amitié
parfaite & reciproque. Je pré-

tens vous le prouver par le recit
de cette Histoire.

FABLE
De deux Amis.

VN homme entendit fraper
à sa porte à une heure in-
dûë : Il demanda qui c'estoit ; &
quand il sceut que c'estoit un de
ses meilleurs amis , il se leva , &
s'habilla , ensuite commandant
à sa servante d'allumer de la
chandelle , & de le suivre , il
l'alla trouver. Cher ami , lui
dit-il en l'abordant , je ne puis
vous voir ici si tard , sans m'imaginer que vous venez ici pour
emprunter de l'argent , pour me
prier de vous servir de second ,
ou pour chercher une compagnie qui vous divertisse. J'ai
pourvû à ces trois choses , poursuivit-il : Si vous avez besoin

d'argent , voilà ma bourſe ; ſi vous avez des ennemis , je vous offre mon bras & mon épée ; & ſi c'eſt l'amour qui vous met en campagne, voilà ma ſervante qui eſt aſſez agreable pour vous donner la ſatisfaction que vous deſirez : En un mot, tout ce qui dépend de moi eſt à voſtre ſervice. Je ne ſouhaite rien moins que tout cela , répondit ſon Ami ; je venois ſeulement ſçavoir l'état de voſtre ſanté , parce que je craignois que le mauvais ſonge que je viens de faire ne fût véritable.

Pendant que le Corbeau racontoit cette Fable , ils virent de loin une Gazelle , ou Chevreüil de montagne , qui venoit à eux avec une viteſſe incroyable. Ils crurent qu'elle eſtoit pourſuivie par quelque Chaſſeur , c'eſt pourquoi ils ſe ſéparerent ; la Tortuë ſe gliſſa dans l'eau, le Rat se fourra dans un trou, & le Corbeau se cacha parmi les branches d'un arbre fort élevé. La Gazelle s'arrêta tout court au bord de la fontaine ; & le Corbeau, qui regardoit de tous costez, n'apercevant personne, apella la Tortuë, qui parut d'abord sur l'eau. Comme la Gazelle sembloit n'oser boire, la Tortuë lui dit : Beuvez hardiment, car l'eau est fort nette. Aprenez-moi, je vous prie, pourquoi vous estes si échauffée ? C'est, répondit la Gazelle, que je viens de me sauver des mains d'un chasseur qui m'a bien persecutée. Ne vous éloignez pas d'ici, reprit la Tortuë, & soyez de nos amies, nostre commerce vous fera de quelque utilité. Les Sages disent que le nombre des amis diminuë les peines ; & quand on a mille amis, il ne

les faut compter que pour un ;
& au contraire, lors qu'on a un
ennemi, il faut le compter pour
mille, tant il est dangereux
d'avoir un ennemi. Ensuite de
ce discours, le Corbeau & le
Rat s'aprocherent de la Gazelle, & lui firent mille hon-
nestetez. Elle en fut si péné-
trée, qu'elle promit de demeurer avec eux toute sa vie.

Ainsi ces quatre amis passoient
le tems fort agreablement ensemble : Mais un jour que le Corbeau,
le Rat & la Tortuë s'estoient assem-
blez à leur ordinaire au bord de
la fontaine pour s'entretenir, la
Gazelle ne s'y trouva pas : ce qui
les mit fort en peine, ne sça-
chant quel accident lui pouvoit
estre arrivé. Le Corbeau s'éleva
en l'air, pour voir s'il ne la dé-
couvriroit point ; & comme il
regardoit de toutes parts, il l'a-
perceut de loin engagée dans un

filet qu'un Chasseur lui avoit
tendu. Cette nouvelle les affli-
gea extrémement tous trois. Il
faut songer, dit la Tortuë, à tirer la Gazelle du peril où elle
est. Le Corbeau prit la parole,
& dit au Rat : Il n'y a que vous
qui puissiez délivrer nostre bonne amie ; il faut promptement
l'aller dégager, de peur que le
Chasseur ne mette la main dessus.
Je ferai mes efforts pour la délivrer, répondit le Rat. Allons,
allons, ne perdons point de
tems. Aussi-tost le Corbeau prit
Zirac, & vola vers la Gazelle.
Estant arrivez là, le Rat commença de ronger les liens qui tenoient
les pieds de la Gazelle, & cependant la Tortuë arriva. Dés que
la Gazelle l'aperceut, elle fit un
grand cri. Pourquoi lui dit-elle,
vous estes-vous hazardée à venir
ici. Comment, répondit la Tortuë, vouliez-vous que je soû-

tinſſe davantage une abſence qui m'eſtoit inſuportable ? O ma che-re amie , repliqua la Gazelle, voſtre arrivée en ce lieu me met plus en peine , que je ne l'eſtois de ma liberté : car ſi le Chaſſeur arrivoit maintenant , comment feriez-vous pour vous ſauver ? Pour moi , je ſuis déja preſque déliée , & mon agilité me déli-reroit du danger de tomber en-tre ſes mains : Le Corbeau trou-veroit ſon ſalut dans ſes aiſles,& le Rat n'auroit qu'à ſe fourrer dans un trou : Vous ſeule ne pouvant courir , vous deviendriez la proye du Chaſſeur. A peine la Gazelle avoit prononcé ces paroles, qu'on vit paroître le Chaſſeur. La Ga-zelle, qui eſtoit détachée , gagna païs , le Corbeau s'envola , le Rat ſe retira dans un trou , & la pauvre Tortuë demeura là. Quand le Chaſſeur arriva , il ne fut pas peu ſurpris de voir ſon filet rompû : ce qui le fâcha fort. Il se mit à regarder de tous coftez, pour voir s'il ne verroit rien : il aperceut la Tortuë. Bon, dit-il, je ne retournerai pas au logis les mains vuides, il faut que j'emporte cette Tortuë, c'eft toûjours quelque chofe. Il la prit donc, la mit dans fon fac, puis la jettant fur fon épaule, il s'en alla. Quand il fut parti, les trois amis fe raffemblerent, & ne voyant plus la Tortuë, ils jugerent de fa difgrace. Alors ils poufferent mille foupirs, formerent les plaintes du monde les plus touchantes, & verferent un torrent de larmes. A la fin le Corbeau interrompit cette trifte harmonie, en difant : Mes amis, nos regrets ne foulagent point la Tortuë, il faut fonger à lui fauver la vie. Les Grands difent que quatre fortes de perfonnes ne font connuës que dans quatre fortes d'occafions. Les hommes courageux dans les combats : Les gens de probité, lors qu'on traite de quelque affaire où il s'agit de donner fa parole : L'amitié d'une femme, quand il arrive quelque malheur à fon mari : & enfin un véritable Ami dans l'extrême néceffité. Nous voyons noftre chere amie la Tortuë en un trifte état, il la faut fecourir. Il me vient dans l'efprit un bon expedient, dit le Rat : Il faut que la Gazelle aille fe préfenter devant le Chaffeur, qui dés qu'il la verra, ne manquera pas de mettre fon fac à terre, dans le deffein de la prendre. C'eft bien avifé, dit la Gazelle, je ferai la boiteufe, & m'éloignerai de lui peu à peu ; en me fuivant, il s'éloignera de fon fac : ce qui donnera le tems au Rat de mettre en liberté noftre bonne amie. Ce ftratagême fut aprouvé;

vé ; la Gazelle paſſa pardevant
le Chaſſeur foible & boiteuſe :
mon galand crut la tenir ; &
mettant ſon ſac à terre , courut de toute ſa force aprés la
Gazelle , qui s'éloignoit à me-
ſure qu'il la pourſuivoit. Cependant le Rat voyant le Chaſſeur bien loin , s'aprocha du
ſac , & rongea le lien qui le
tenoit fermé ; la Tortuë en
ſortit , & ſe cacha dans un
buiſſon. A la fin le Chaſſeur
s'eſtant laſſé de courir inutilement aprés ſa proye , revint à
ſon ſac , & n'y trouvant plus
la Tortuë , il en fut fort
étonné. Il crut qu'il eſtoit dans
la region des Lutins & des Eſprits , voyant tantoſt une Gazelle ſe délivrer de ſes filets,
& tantoſt ſe preſenter devant
lui, en faiſant la boiteuſe ; &
enfin la Tortuë, qui eſt un ani-

A a

mal sans force , rompre le lien
du sac , & se sauver. Toutes ces
considerations fraperent son esprit d'une telle frayeur , qu'il
s'enfuit de toute sa force , pen-
sant avoir des folets à ses trous-
ses. Aprés cela les quatre Amis
se rassemblerent , se firent de
nouvelles protestations d'amitié , & jurerent de ne se separer jamais les uns des autres
qu'à la mort.

CHAPITRE IV.

Comme il faut toûjours se défier de ses ennemis, & sçavoir parfaitement tout ce qui se passe chez eux.

VENONS presentement, dit Dabschelim au quatriéme Chapitre, qui est, qu'un homme d'esprit ne doit jamais esperer d'amitié de ses ennemis. Enseignez-moi, ajoûta-t'il, de quelle maniere il faut éviter leurs trahisons. On doit, répondit le Bramine, se défier toûjours des ennemis : car quand ils témoignent de l'amitié, c'est pour mieux cacher leurs mauvais desseins ; & quiconque au-

ra de la confiance en son ennemi, sera trompé comme le Hibou, dont je vais conter la Fable
à vostre Majesté.

FABLE

Des Corbeaux, & des Hiboux.

DAns une Province de la
Chine il y a une monta-
gne dont le sommet se perd dans
les nuës ; il y avoit au dessus un
arbre dont les branches sem-
bloient aller jusqu'au Ciel : Elles estoient toutes chargées de
nids de Corbeaux qui obéïssoient
tous à un Roi nommé Birouz.
Une nuit le Roi des Hiboux qui
s'apelloit Chabahang, c'est-à-
dire, *Marche-nuit*, vint à la
teste de son Armée ravager la
demeure des Corbeaux, contre
lesquels une vieille haine les ani-

moit. Le lendemain Birouz assembla son Conseil, pour déliberer sur les moyens dont ils se serviroient pour se mettre à couvert des insultes des Hiboux. Cinq des plus habiles de sa Cour ayant apris les intentions de sa Majesté, dirent leurs avis. Grand Monarque, dit celui qui parla le premier, nous ne pouvons rien imaginer que vostre Majesté n'ait pensé auparavant nous. Neanmoins puisque vous souhaitez que nous vous disions l'un aprés l'autre ce que nous jugeons à propos de faire pour nous vanger des Hiboux, nous devons vous obéïr : Et pour commencer, je vous dirai, Sire, que les Politiques ont toûjours tenu pour maxime, qu'il ne faut point attaquer un ennemi plus fort que soi : autrement c'est bâtir sur le passage d'un torrent. Le Roi se tournant du costé du second, lui ordonna de parler. Sire, dit le second Vifir, la fuite ne convient qu'aux ames baſſes & timides : il eſt plus à propos de prendre les armes, & d'aller vanger l'affront que nous avons receu. Un Roi n'eſt jamais en repos, s'il n'a porté la terreur dans le païs & dans l'ame de ſes ennemis. Le troiſiéme Vifir dit à ſon tour ſon opinion. Je ne blâme point, dit-il, le conſeil de mes camarades, mais auſſi je ne l'aprouve pas. Je ſuis d'avis d'envoyer des eſpions pour connoître la force & l'état de l'ennemi; & ſur leurs raports nous ferons la guerre ou la paix : c'eſt le moyen de vivre en repos. Un Roi doit toûjours travailler à conſerver la paix dans ſon Royaume, tant pour le repos de ſon eſprit, que pour le ſoulagement de ſes ſujets : Il ne doit jamais declarer la guerre qu'à ceux qui troublent la paix. Et quand l'ennemi qu'il veut combatre est trop fort, il faut avoir recours aux artifices, & se servir de toutes les occasions qui se présentent de lui nuire par finesse. Le quatriéme prenant la parole, representa au Roi qu'il valoit mieux quitter le païs, que de s'exposer à perdre la reputation de leurs armes, qui avoient toûjours eu l'avantage sur leurs ennemis. Que ce seroit une démarche trop honteuse pour les Corbeaux d'aller faire des soumissions aux Hiboux, qui jusqu'alors leur avoient esté soumis. Qu'il faloit tâcher de pénétrer leurs desseins, & se résoudre plûtost à combatre, qu'à subir un joug ignominieux, puisqu'enfin la perte de la vie estoit moins considerable que celle de la reputation. Le Roi aprés avoir oüi ces quatre Visirs, fit signe au

cinquiéme de parler à son tour:
Ce Visir se nommoit Carchenas,
c'est-à-dire, *Intelligent*. Le Roi,
qui avoit une confiance particuliere en lui, le pria de dire avec
sincerité ce qu'il jugeoit à propos que l'on fist en cette affaire.
Declarerons - nous la guerre,
ajoûta le Roi, proposerons-nous
la paix, ou bien abandonnerons-
nous ce climat ? Sire, répondit
Carchenas, puisque vous m'ordonnez de parler avec franchise,
il me semble que nous ne devons
pas attaquer les Hiboux, parce
qu'ils sont en plus grand nombre
que nous : Il faut user de prudence ; cette vertu a souvent
plus de part aux grands succés
que la force & les richesses. Que
vostre Majesté, avant que de
prendre sa derniere résolution,
consulte encore ses Ministres ;
leurs conseils pourront vous aider à faire réüssir vos desseins:

les

les fleuves ne fe groffiffent que par les ruiffeaux. Pour moi, je n'aime ni la guerre ni les troubles, mais je ne puis fouffrir qu'on ait la lâcheté de faire des foumiffions. Les gens d'honneur ne doivent defirer une longue vie que pour laiffer à la pofterité des exemples de vertu dignes d'admiration. Nous ne devons même prendre foin de nos jours, que pour les expofer dans des occafions où l'honneur nous apelle; & il vaudroit mieux n'avoir jamais efté, que d'avoir mené une vie obfcure. Ainfi je ne confeille pas à voftre Majefté de faire voir de la timidité dans cette conjonĉture : mais vous devez prendre un parti devant moins de monde, afin que les ennemis ne puiffent fçavoir vos deffeins.

Un des autres Miniftres interrompit en cet endroit Car-

chenas, & lui dit : A quoi pen-
fez-vous ? pourquoi fe tiennent
les Confeils, fi ce n'eft pour déliberer entre plufieurs des affaires importantes ? Et pourquoi
voulez-vous qu'une délibération
de cette confequence fe faffe dans
un cabinet où il n'y aura perfonne. Les affaires des Rois, répliqua Carchenas, ne font pas
comme celles des Marchands,
qui fe communiquent à toute la
focieté ; les fecrets des Princes
ne peuvent eftre découverts que
par leurs Confeillers, ou leurs
Ambaffadeurs. Que fçavez-vous
s'il n'y a point ici des efpions qui
nous écoutent, pour raporter ce
que nous réfoudrons à nos ennemis ; qui fur leur raport ou pré-
viendront nos entreprifes, ou du
moins les déconcerteront. Les Sages difent : Si vous voulez avoir
un fecret, tenez le fecret ; autrement vous vous mettrez au ha-

zard d'estre trahis comme le Roi Quechmir. Birouz, qui estoit fort curieux, obligea Carchenas de lui raconter cette avanture.

FABLE

D'un Roi, et de sa Maitresse.

DAns la Ville de Quechmir regnoit autrefois un Roi qui estoit aussi juste que puissant. Ce Prince avoit une Maitresse qui estoit si belle que tous ceux qui la voyoient ne pouvoient se défendre de l'aimer. Le Roi en estoit tellement épris, qu'il la vouloit voir incessamment : mais il s'en faloit beaucoup qu'elle aimât autant le Roi qu'elle en estoit aimée. L'atachement de ce Prince flatoit sa vanité, sans toucher son goût ; & comme le cœur toutefois est fait pour aimer , elle se laissa prévenir d'une violente passion pour un Page , qui estoit admirablement beau & bien fait. Elle lui aprit bien-tost par ses regards ce qu'elle sentoit pour lui ; & le Page lui fit connoître par les siens qu'elle ne pouvoit s'adresser à un homme plus disposé à profiter d'une si bonne fortune. Enfin il ne leur manquoit qu'une occasion de se parler en particulier, pour satisfaire des desirs que les obstacles irritoient. Un jour que le Roi estoit assis auprés de sa Maitresse , & qu'il la regardoit avec un extréme plaisir, le Page qui estoit debout dans la même chambre , de moment en moment jettoit les yeux sur cette charmante personne , & de son costé elle attachoit sur lui les siens d'un air si passionné , que le Roi s'en aperceut. Il ne comprit que trop ce lan-

gage muet , & il en eut tant de
dépit & de jalousie, qu'il résolut
de les faire mourir tous deux ;
dissimulant toutefois son dessein,
parce qu'il ne vouloit pas agir
avec précipitation, il se retira dans
son apartement , où il passa la
nuit dans une réverie fort desa-
greable. Le matin il alla donner
audience à son peuple ; & aprés
avoir donné à ses sujets la satis-
faction qu'ils demandoient , il
entra dans son cabinet : Là il fit
venir son Visir, & lui découvrit
le dessein qu'il avoit de faire
empoisonner sa Maitresse & le
Page. Le Visir en ayant apris
les raisons, les aprouva, promit
de garder le secret , & puis se
retira chez lui. Il trouva sa fille
dans une grnde tristesse , il lui
en demanda la cause. Mon Pere,
lui répondit la fille , la Mignon-
ne du Roi m'a maltraitée sans
raison : cela me fâche ; & si je

ne m'en vange point , je vous assure que ce n'est pas manque de bonne volonté. Consolez-vous , ma fille, reprit le Visir, vous en serez bien - tost délivrée.

Comme les femmes sont curieuses , la fille pressa tant son Pere de lui aprendre de quelle maniere elle seroit vangée de son ennemie , qu'il fut assez foible pour lui reveler le dessein du Roi. Elle s'engagea par serment de ne le découvrir à personne : mais une heure ou deux aprés , l'Eunuque de la Maitresse du Roi estant venu voir la fille du visir, pour la consoler , il lui dit qu'il faloit souffrir les défauts de son prochain. Bien-tost , interrompit-elle , avec un visage riant , bientost je ne la craindrai plus. Il la pressa tellement de s'expliquer, qu'elle ne put s'en défendre :

Elle lui raconta tout ce que lui avoit dit son Pere , aprés lui avoir aussi fait jurer qu'il garderoit inviolablement le secret : mais l'Eunuque ne l'eut pas plûtost quittée , que croyant estre plus obligé de trahir son serment, que de le garder , il alla trouver la Maitresse du Roi, & lui fit part de la résolution violente que le Prince avoit prise contre elle. Il n'en falut pas davantage pour la déterminer à tout tenter pour prévenir le Roi : Elle envoya chercher secretement le Page , avec lequel elle prit de si bonnes mesures , que le lendemain matin on trouva le Roi mort dans son lit.

Vous voyez par cette Histoire, continüa Carchenas, que les Rois ne doivent découvrir leurs secrets qu'à des gens dont ils ont éprouvé la discretion & la fidelité.

B.b. iiij

Mais quels secrets encore, dit
Birouz, importe-t'il le plus de
de cacher ? Sire, repartit Carchenas, il y en a de telle nature, que les Rois ne les doivent
confier qu'à eux-mêmes, c'est-à
dire, les tenir si cachez, que
personne ne les puisse découvrir.
Il y en a d'autres qu'ils peuvent
commuiquer aux Ministres fideles, & sur lesquels ils les doivent
consulter. Birouz trouvant ce
que disoit Carchenas fort judicieux, s'enferma dans son cabinet avec lui, & devant que de
parler de l'affaire dont il s'agis-
soit, il le pria de lui dire la fu-
neste origine de la haine des
Corbeaux & des Hiboux. Sire,
répondit Carchenas, une seule
parole a produit cette inimitié,
dont nous venons d'éprouver de
si cruels effets.

FABLE

De l'origine de la haine des Corbeaux, & des Hiboux.

UN jour une troupe d'Oiseaux s'assembla pour se choisir un Roi. Chaque espece prétendoit à la Couronne. Enfin il y en eut plusieurs qui donnerent leurs voix au Hibou ; mais les autres ne voulant pas obéïr à un si laid Animal, rompirent la dietre, & se jetterent les uns sur les autres avec tant de furie, qu'il y en eut quelques-uns de tuez. Le combat auroit duré plus long-tems, si pour le faire cesser, un Oiseau ne se fût avisé de crier aux combattans, qu'ils s'arrétassent, & qu'il voyoit venir un Corbeau, qu'il faloit prendre pour Juge. Tous les Oiseaux y consentirent unanimement ; & quand le Corbeau fut arrivé, & qu'il eut apris le sujet de la querelle, il leur parla de cette sorte : Estesvous fous, Messieurs, de vouloir prendre pour vostre Roi un Oiseau qui traine avec lui tous les malheurs ensemble. Voulezvous mettre une Mouche à la place d'un Griffon ? Que ne choisissez-vous plûtost un Faucon, qui a du courage & de l'adresse, ou bien un Paon, dont le port est si majestueux ? Pourquoi n'élevez-vous pas plûtost sur le trône un Aigle, dont l'ombre est si heureuse, qu'elle fait les Rois ; ou enfin un Griffon, qui par le seul bruit de ses aisles fait trembler les montagnes ? Quand ces Oiseaux que je viens de nommer ne seroient pas au monde, il vaudroit en-

core mieux vivre sans Roi, que
de vous rendre sujets d'un Animal si afreux que le Hibou : car
outre qu'il a la mine d'un Chat,
il n'a point d'esprit ; & ce qui
est insuportable, c'est que malgré sa mauvaise mine, il est or-
gueilleux : & enfin ce qui le doit
rendre méprisable à vos yeux,
c'est qu'il haït la lumiere de ce
beau Corps qui anime toute la
nature. Quittez donc, Messieurs,
un dessein qui vous est si préjudiciable, procedez à l'élection
d'un autre Roi, & ne faites rien
dont vous puissiez vous repen-
tir. Choisissez un Roi qui vous
gouverne avec douceur, & qui
vous soulage dans vos besoins.
Souvenez-vous de ce Lapin, qui
se disant Ambassadeur de la Lune, chassa les Elephans de sa patrie.

FABLE

Des Elephans, & des Lapins.

IL arriva une année de sécheresse dans le païs des Elephans, aux Isles de Rad (c'est-à-dire Vent ;) de maniere qu'étant tous pressez par la soif, & ne pouvant trouver de l'eau, ils s'adresserent à leur Roi, pour l'avertir d'y mettre ordre, s'il ne les vouloit voir tous perir. Le Roi commanda aussi-tost de chercher par tout, & enfin on découvrit une source d'eau vive, à qui les Anciens avoient donné le nom de *Chaschmamah*, c'est-à-dire, Fontaine de la Lune. Le Roi vint se camper avec toute son Armée aux environs de cette Fontaine. La venuë des

Elephans mit au defefpoir un grand nombre de Lapins, qui avoient là leur Garenne, parce que les Elephans à chaque pas qu'ils faifoient écrafoient quelque Lapin.

Un jour les Lapins s'affemblerent, allerent trouver le Roi, & le fupplierent de les délivrer de cette opreffion. Je fçai bien, leur répondit le Roi, que je ne fuis fur le trône que pour le bien & le foulagement de mes fujets; mais vous me demandez une chofe qui paffe mes forces: neanmoins fongez à quelque expedient entre vous autres, & j'emploirai tout mon pouvoir pour le faire réüffir. Un Lapin rufé voyant le Roi embaraffé, & fort touché de la peine dans laquelle il voyoit fon peuple, s'avança, & lui dit : Sire, voftre Majefté agit en Roi jufte, quand le foin de noftre repos vous inquiéte, & lorſque vous nous donnez la liberté de dire nos avis, cela m'inſpire la hardieſſe de vous faire part d'une invention qui me vient dans l'eſprit pour chaſſer de ce païs les Elephans. Sire, pourſuivit-il, permettez que j'aille en qualité d'Ambaſſadeur trouver le Roi des Elephans, & je conſens que vous me donniez quelqu'un qui m'accompagne, & qui vous puiſſe raporter tout ce qui ſe paſſera: Non, lui répondit obligeamment le Roi, je ne veux pas que perſonne remarque vos actions, car je vous crois fidele ; allez ſeulement au nom de Dieu, & faites tout ce que vous jugerez à propos : ſouvenez-vous ſeulement qu'un Ambaſſadeur eſt la langue d'un Roi ; il faut que ſes diſcours ſoient peſez, & ſes paroles auſſi nobles que ſon

maintien qui répréfente la perfonne de fon Maître : On doit
choifir pour Ambaffadeurs les
plus fçavans hommes de l'E-
tat. J'ai oüi dire qu'un des plus
grands Monarques du monde fe
déguifoit fouvent , & fe faifoit
fon propre Ambaffadeur. Pour
remplir dignement ce caractere,
voici les qualitez qu'il faut
avoir : De la fermeté, de l'éloquence , & des lumieres d'une
étenduë infinie. Un efprit violent n'eft pas propre pour cet
emploi. Plufieurs Ambaffadeurs
par une parole rude ont caufé
du trouble dans un Royaume ,
& d'autres par une parole douce & agreable ont réüni d'irre-
conciliables ennemis. Sire , dit
le Lapin , fi je ne fuis pas doüé
de toutes les qualitez dont
voftre Majefté vient de parler,
je tâcherai du moins de les affe-
cter.

Ayant dit cela , il prit congé
du Roi , & alla vers les Elephans ; mais avant que d'y arriver , il pensa que s'il se mesloit
parmi eux , il pourroit bien en
estre écrasé , comme ses camarades : c'est pourquoi il monta sur
une butte , d'où il apella le Roi
des Elephans , qui n'estoit pas
loin de là. Je suis , lui dit - il ,
Ambassadeur de la Lune , écou-
tez ce que j'ai à vous dire de sa
part. Vous sçavez que la Lune
est une Déesse dont le pouvoir
n'est point limité , & qu'elle haït
sur tout le mensonge. Le Roi
des Elephans eut grande peur en
l'entendant parler de la sorte ,
& lui dit d'exposer le sujet de son
Ambassade. La Lune , reprit le
Lapin , m'envoye ici pour vous
dire que quiconque s'orgueillit
de sa grandeur , & méprise les
petits , mérite la mort. Vous ne
vous estes point contenté d'op-

primer

primer les petits, vous avez eu la témérité de troubler une Fontaine consacrée à la Lune, où tout est pur : Je vous avertis de vous en corriger, autrement vous serez infailliblement punis. Si vous n'ajoûtez pas foi à mes paroles, venez voir la Lune dans sa Fontaine, & puis retirez-vous.

Le Roi des Elephans demeura fort étonné de ce discours, & alla aussi-tost à la Fontaine, dans laquelle il vit effectivement la Lune, à cause que l'eau estoit fort claire. Le Lapin dit à l'Elephant : Prenez de l'eau pour vous laver, & faire vostre adoration. L'Elephant en prit ; mais il troubla l'eau, de maniere que la Lune disparut. O méchant, dit alors le Lapin, vous vous estes aproché de la Fontaine avec trop peu de respect : ce qui est cause que la Déesse est irritée : Retirez-vous promptement d'ici avec toute voſtre Armée , de peur qu'il ne vous arrive quelque malheur. Le Roi des Elephans fut effrayé de cette menace , & commanda en tremblant à toute ſon Armée de décamper : ce qu'elle fit. Ainſi les Lapins furent délivrez de leurs ennemis par l'adreſſe d'un de leurs compagnons.

Je n'ai cité cet exemple que pour vous montrer qu'il faut que vous faſſiez choix d'un Roi prudent & habile , qui vous aſſiſte dans vos adverſitez , & non pas d'un Hiboux , qui n'a ni valeur ni eſprit. Il n'a ſeulement que de la malice , qui vous ſera funeſte, comme le fut un Chat à une Perdrix , qui le pria de juger un diferent qu'elle avoit avec un autre Oiſeau.

FABLE

D'un Chat , & d'une Perdrix.

IL y a quelque tems , continüa le Corbeau, que j'avois
fait mon nid fur un arbre , auprés duquel il y avoit une Perdrix de belle taille & de bonne
humeur. Nous liames un commerce d'amitié , & nous nous
entretenions fouvent enfemble.
Elle s'abfenta je ne fçai pour quel
fujet , & demeura fi long - tems
fans paroiftre , que je la croyois
morte : neanmoins elle revint ;
mais elle trouva fa maifon occu-
pée par un autre Oifeau : elle le
voulut mettre dehors , mais il re-
fufa d'en fortir , difant que fa
poffeffion eftoit jufte. La Perdrix
de fon cofté prétendoit rentrer
dans fon bien , & tenoit cette

poſſeſſion de nulle valeur : je m'employai inutilement à les accorder. A la fin la Perdrix dit : Il y a ici prés un Chat tres-devot ; il jeûne tous les jours, ne fait mal à perſonne, & paſſe les nuits en priere : nous ne ſçaurions trouver un Juge plus équitable ; l'autre Oiſeau y ayant conſenti, ils allerent tous deux trouver ce chat de bien : La curioſité de le voir m'obligea de les ſuivre. En entrant je vis un Chat debout tres-attentif à une longue priere, ſans ſe tourner de coſté ni d'autre : ce qui me fit ſouvenir de ce vieux Proverbe, *Que la longue oraiſon devant le monde eſt la clef de l'enfer.* J'admirai cette hipocriſie, & j'eus la patience d'attendre que ce venerable perſonnage eût fini ſa priere. Aprés cela la Perdrix & ſa Partie s'aprocherent de lui fort reſpectueuſement, & le ſupplie-

rent d'écouter leur diferent, &
de les juger suivant sa justice ordinaire. Le Chat faisant le dif-
cret, écouta le Plaidoyé de l'Oiseau, puis s'adressant à la Perdrix : Belle fille, ma mie, lui dit-
il, je suis vieux, & n'entens pas
de loin ; aprochez-vous, & hauf-
sez voftre voix, afin que je ne
perde pas un mot de tout ce que
vous me direz. La Perdrix &
l'autre Oiseau s'aprocherent auf-
si-toft avec confiance, le voyant
si devot ; mais il se jetta sur eux,
& les mangea l'un & l'autre.

Vous voyez par cet exemple,
qu'il ne faut jamais se fier aux
trompeurs ; & par consequent dé-
fiez-vous du Hibou, qui ne vaut
pas mieux que ce Chat dont je
viens de vous parler. Les Oiseaux persuadez que le Corbeau
avoit raison, ne songerent plus
au Hibou, qui se retira, médi-
tant de se vanger du Corbeau,

pour lequel il conceut une haine, que le tems n'a fait depuis que
fortifier.

Voilà, Sire, pourſuivit Carchenas, la cauſe de cette inimitié qui eſt entre nous & les Hiboux. Venons preſentement, dit
le Roi des Corbeaux, aux meſu-
res que nous devons prendre
pour reparer l'afront que j'ai receu. Carchenas, aprés avoir
donné quelques loüanges au Roi,
reprit ainſi la parole : Sire, je ne
ſuis point de l'avis de vos autres
Viſirs, qui veulent la guerre,
ou la fuite, ou une honteuſe
paix. Il faut ſuivre cette maxime : Quand la force nous manque, on doit avoir recours aux
artifices, & tromper l'ennemi,
en lui ſuppoſant une choſe pour
une autre, comme vous l'allez
voir par cet exemple.

FABLE

D'un Derviche, & de deux Voleurs.

UN Derviche avoit acheté un mouton gras, dans le dessein d'en faire un sacrifice. Il l'avoit lié d'une corde, & il le tiroit vers son Monastere. Quatre voleurs qui l'aperceurent, eurent envie d'avoir ce mouton: mais ils n'osoient le lui ôter par force, à cause qu'ils estoient trop prés de la Ville. Ils se servirent de ce stratagême: Ils se séparerent; & comme s'ils fussent venus de divers endroits, ils aborderent l'un aprés l'autre le Derviche, qu'ils connoissoient pour un innocent. Le premier d'entre eux lui dit: Pere, où menez-vous ce chien? Le second venant d'un autre costé, lui cria:

Venerable vieillard , où avez-
vous pris ce chien ; & enfin le
troisiéme ayant demandé au Derviche , s'il vouloit aller à la
chasse avec ce beau chien , déja le pauvre Moine commen-
çoit à douter que le mouton
qu'il menoit fût un mouton.
Le quatriéme Voleur acheva de
lui troubler l'esprit , en lui disant : Parlez , mon Reverend
Pere , combien avez-vous acheté ce chien ? Le Derviche ne
pouvant s'imaginer que quatre
personnes qui paroissoient venir
de differens lieux , se trompas-
sent , il crut que le Marchand
qui lui avoit vendu le mouton,
estoit un Sorcier , qui lui avoit
fasciné la vûë ; de maniere que
refusant d'ajoûter foi au raport
de ses yeux, il demeura persuadé que le mouton estoit un
chien ; & retournant sur ses
pas, pour obliger le Marchand

à lui rendre son argent, il laissa le Mouton, que les Voleurs emmenerent.

Sire, dit Carchenas, voftre Majefté voit par cette avanture, que ce qui paroift ne pouvoir eftre executé par la force, le peut eftre par l'adreffe. Mais, interrompit le Roi, quelle invention trouverons-nous pour nous vanger des Hiboux ? Que voftre Majefté, repartit Carchenas, fe repofe fur moi du foin de fa vengeance. Commandez feulement, ajoûta-t'il, qu'on m'arrache toutes mes plumes, & qu'on me laiffe tout fanglant fur cet arbre. Ce ne fut pas fans peine que le Roi Birouz donna un Ordre qui lui fembloit cruel; cependant il le donna, & il alla avec fon Armée attendre Carchenas dans le lieu que cet affectionné Vifir lui avoit marqué.

Dd

Cependant la nuit vint , & les Hibous fiers de la victoire qu'ils avoient remportée la nuit précedente , revinrent pour achever la destruction de l'odieuse espece des Corbeaux : Mais qu'ils furent étonnez , lors qu'ils ne trouverent point l'ennemi qu'ils vouloient surprendre. Ils le cherchoient inutilement de tous côtez , lors qu'ils entendirent une voix plaintive: c'estoit Carchenas qui se plaignoit au pied d'un arbre. Le Roi des Hibous s'aprocha de lui, & lui demanda de quelle naissance il estoit , & quel rang il tenoit à la Cour de Birouz. Carchenas ayant satisfait à toutes ses demandes : J'ai bien oüi parler de vous , lui répondit le Roi des Hiboux ; mais dites-moi où sont les Corbeaux ? Helas ; dit Carchenas , l'état où je suis vous fait assez connoître

que je ne puis vous l'aprendre.
Quel crime, reprit Chabahang,
avez-vous commis, pour estre
dans un si dép.orable état ? Les
méchans Corbeaux, repartit
Carchenas, sur un leger soupçon m'ont traité de la sorte.
Aprés la défaite de noftre Armée, pourfuivit-il, le Roi Birouz affembla fon Confeil, pour
trouver les moyens de fe vanger d'un fi fanglant affront.
Aprés avoir oüi les diferens avis
de quelques-uns de fes Vifirs,
il m'ordonna de dire le mien :
Je lui reprefentai avec trop de
franchife que vous eftiez non
feulement fuperieurs en nombre,
mais encore plus aguerris, &
plus vaillans que nous, & par
confequent, qu'il faloit demander la paix, & l'accepter à quelques conditions que vous nous
la voulufliez accorder. Le Roi
fe mit en colere contre moi, &

me dit : Traiſtre, en mépriſant ainſi mes forces, me veux-tu faire craindre mes ennemis ? Et puis s'imaginant que je méditois de me venir rendre à vous, il ordonna qu'on me mît dans l'état où vous me voyez.

Aprés que Carchenas eut achevé ce diſcours, le Roi des Hiboux demanda à ſon premier Viſir ce qu'il faloit faire de Carchenas ? Il faut, répondit le Viſir, le délivrer de ſes peines, en lui ôtant la vie, & ne ſe point fier à ſes paroles, qui peuvent eſtre perfides. D'ailleurs, Sire, ſouvenez-vous de ce vieux Proverbe, *Plus de morts, moins d'ennemis*. Carchenas répondit triſtement à ce conſeil, qui n'eſtoit mauvais que pour lui : Viſir, mon mal me tourmente aſſez, je vous prie de ne le point augmenter par ces menaces. Le Roi des Hiboux qui ſe ſentoit pour

Carchenas quelque pitié, s'a-
dreſſa au ſecond Viſir, & lui
dit de parler. Ce Viſir ne fut
pas de l'avis du premier. Sire, dit-il au Roi, je ne con-
ſeillerai point à voſtre Majeſté
de faire mourir ce perſonnage. Les Rois doivent aſſiſter
les foibles, & ſecourir ceux
qui ſe jettent entre leurs bras.
Outre cela, pourſuivit-il,
on peut quelquefois ſe ſervir
utilement de ſes ennemis, comme ce Marchand, dont je vais
raconter l'Hiſtoire à voſtre Majeſté.

Dd iij

FABLE

D'un Marchand, de sa Femme, & d'un Voleur.

UN Marchand riche, mais laid, & fort defagreable de sa personne, avoit une femme belle & vertueuse. Il l'aimoit passionnément ; & elle au contraire le haïssoit, de maniere que ne pouvant le souffrir, elle faisoit lit à part. Une nuit il entra un voleur dans leur chambre : le mari estoit endormi ; mais la femme qui ne l'étoit pas, apercevant le voleur, fut saisie d'une telle crainte, qu'elle courut embrasser son mari. Il se réveilla, & fut si transporté de joye de voir ce qu'il aimoit entre ses bras, qu'il s'écria : Misericorde ! A qui dois-je un bonheur si rare ! j'en voudrois bien sçavoir l'auteur, pour l'en remercier. A peine eut-il prononcé ces mots, qu'il vit le Voleur. O que tu sois le bien venu, lui dit-il ! Prens tout ce qu'il te plaira : je ne sçaurois assez te payer le bon service que tu viens de me rendre.

On voit par cet exemple que nos ennemis nous servent quelquefois à obtenir des choses dont nous avons inutilement recherché la possession avec le secours de nos amis. Ainsi ce Corbeau pouvant nous estre utile, il faut lui conserver la vie : c'est à quoi je conclus. Le Roi interrogea un troisiéme Visir, qui répondit : Sire, non seulement on ne doit pas faire mourir

ce Corbeau , mais il faut mefme le careffer , & l'obliger par
des bienfaits à nous rendre quelque important fervice. Les Sages effayent toûjours d'attirer
quelqu'un de leurs ennemis,
pour s'en fervir contre les autres , & enfin pour profiter de
leurs divifions. La difpute que
le Diable eut avec un Voleur,
fut caufe qu'ils ne purent ni
l'un ni l'autre nuire à un Derviche tres − vertueux. Chabahang ayant fouhaité d'entendre
cette Fable , le Vifir la raconta
de cette maniere :.

FABLE

D'un Derviche, d'un Voleur, & du Diable.

AUX environs de Baby-lone il y eut autrefois un Derviche qui vivoit en vrai ser-viteur de Dieu : Il ne subsistoit que des aumônes qu'il recevoit, & au reste il estoit abandonné à la Providence , sans s'intri-guer des choses du monde. Un de ses amis un jour lui en-voya un Bœuf gras : Un Lar-ron le voyant conduire , ré-solut de l'avoir à quelque prix que ce fût. En allant au Con-vent, il rencontra le Diable dé-guisé en homme. Il lui demanda qui il estoit, & où il alloit. Le Diable répondit : Je suis le Dé-mon , qui ai pris la forme que

vous voyez , & je vais à ce Monaſtere , pour tüer le Moine qui
\ demeure , parce que ſon
exemple me nuit beaucoup, en
rendant pluſieurs méchans, hommes de bien. Je veux, continüa-t'il l'aſſaſſiner , puiſque juſqu'ici mes tentations ont eſté
inutiles. Mais vous , dites-moi
auſſi qui vous eſtes , & où vous
allez. Je ſuis , répondit le Lar-
ron , un inſigne Voleur , & je
vais à ce Monaſtere , comme
vous , pour dérober un Bœuf
gras , qui a eſté donné au Moine que vous voulez tüer. Je
ſuis bien-aiſe , repliqua le Diable , que nous ſoyons tous deux
de la meſme humeur , & que
nous ayons deſſein l'un & l'autre de faire du mal à ce Moine.

Pendant qu'ils s'entretenoient
de la ſorte , ils arriverent au
Convent. La nuit eſtoit déja un
peu avancée ; le Derviche avoit

fait ſes prieres ordinaires , & s'eſtoit couché. Le Voleur & le Diable ſe préparoient à faire leur coup, quand le Voleur dit en lui-même : Le Diable fera crier le Moine en le tüant ; ſi bien que les voiſins viendront aux cris , & m'empêcheront de dé_rober le Bœuf. Le Demon de ſon coſté raiſonnoit en lui-même de cette ſorte : Si le Voleur va pour prendre le Bœuf avant que j'aye executé mon deſſein ; le bruit qu'il fera en ouvrant la porte , éveillera le Moine , qui ſe tiendra ſur ſes gardes. C'eſt pourquoi il dit au Larron : Laiſſe _ moi tüer premierement le Derviche , & puis tu déro_beras le Bœuf à ton aiſe. Attens plûtoſt que je l'aye pris , ré_pondit le Voleur , aprés cela tu aſſaſſineras le Moine. L'un ne voulant point ceder à l'au_ tre , ils se querellerent , & en vinrent enfin aux mains. Le Voleur ne se sentant pas le plus fort , se mit à crier au Derviche : Bon homme , voici un Demon qui veut te tüer. Le Diable se voyant découvert, s'écria : Au Voleur , qui veut dérober le Bœuf : Le Moine se réveillant à ces cris , apella ses voisins : ce qui obligea le Voleur & le Diable à prendre la fuite. Ainsi le Moine sauva sa vie & son Bœuf.

Le premier Visir ayant oüi conter cette Fable , se mit en colere , & dit au Roi : Je voy bien que vous vous laisserez tromper par ce Corbeau, comme un Menuisier se laissa tromper par sa femme. Contez-nous cette avanture , dit Chabahang.

FABLE

D'un Menuisier, & de sa Femme.

SIre, reprit le Visir, il y avoit dans la Ville de Sarandib un Menuisier parfait en son Art, qui possedoit une femme si belle, que le Soleil sembloit emprunter sa clarté de ses yeux. Elle estoit tellement aimée de son mari, qu'il estoit au desespoir, lors qu'il estoit obligé de s'éloigner d'elle. Cette femme estoit si artificieuse, qu'elle avoit trouvé le secret de faire croire à son mari qu'elle l'aimoit uniquement, quoi qu'elle eût plusieurs Galands qu'elle ne rebutoit point. Elle avoit pour voisin un jeune homme tres-bien fait, qui s'en fit aimer ; de maniere qu'elle

commença de ne pouvoir souffrir les autres. Ils en devinrent
si jaloux , qu'ils avertirent le
Menuisier de ce commerce. Ce
bon mari n'en voulut rien croire , sans en estre bien assuré ; & pour aprendre une vérité qu'il craignoit de sçavoir , il
feignit d'avoir un petit voyage
à faire ; & prenant quelques
provisions , il dit à sa femme ,
qu'à la verité le chemin n'estoit
pas long, mais qu'il devoit demeurer deux ou trois jours dans
l'endroit où il avoit affaire : ce
qui le fâchoit extrémement ,
puis qu'il ne la verroit point
pendant ce tems-là. Sa femme
le paya de la mesme monnoye,
se plaignit de cette absence , &
pleura mesme ; mais ce fut plûtost de joye , que de douleur.
Elle apresta tout ce qui estoit
necessaire pour le départ de son
mari ; qui , pour mieux dissimu-

fer , lui recommanda de bien
fermer fa porte, de peur que les
Voleurs durant fon abfence ne
fiffent quelque defordre en fa
maifon. Elle promit d'avoir
grand foin de toute chofe , &
ne ceffoit point de s'affliger du
départ de fon mari : Mais il ne
fut pas plûtoft parti , qu'elle fit
figne à fon Amant de la venir
trouver. Il n'y manqua pas ;
mais pendant qu'ils eftoient enfemble , le Menuifier revint au
logis, y entra fans eftre vû , &
fe mit dans un coin , pour les ob-
ferver.

Cependant le Galand caref-
foit fa Maitreffe , qui recevoit
fes careffes avec plaifir. Ils fou-
perent , & puis fe deshabillerent
pour fe mettre au lit. Le Menuifier , qui n'avoit rien vû juf-
ques-là qui pût le convaincre
de fa honte , s'aprocha douce-
ment pour les prendre fur le

fait ; mais fa femme l'ayant remarqué , dit tout bas à fon
Amant de lui demander lequel
elle aimoit davantage de lui,
ou de fon Mari. Auffi-toft le
Galand hauffant la voix , lui
dit : M'aimez-vous plus que
voftre Mari ? Pourquoi, répondit la Femme , me faites-vous
cette queftion ? ne fçavez-vous
pas que les Femmes , quand elles témoignent de l'amitié à
quelque autre qu'à leur Mari,
ce n'eft que pour contenter leur
plaifir ; & quand elles font fa-
tisfaites , elles n'y fongent plus.
Pour moi , j'idolatre mon Mari , je l'ai toûjours dans l'efprit;
& felon moi , une Femme eft
indigne de vivre , fi elle n'aime
pas fon Mari plus qu'elle-mê-
me. Ces paroles confolerent en
quelque forte le Menuifier, qui
fe reprocha la mauvaife opinion
qu'il avoit euë de fa Femme ;

&

& la faute qu'elle commet à
prefent, dit-il en lui-même
doit eftre imputée à mon abfence & à la fragilité du fexe.
La perfonne du monde la plus
chafte péche d'effet ou de volonté : ainfi puis qu'elle m'aime
tant, je lui pardonne fon crime, & je ne veux pas lui ra-
vir un moment de plaifir. Ce
débonnaire Epoux, aprés avoir
fait ces reflexions, fe retira
dans un coin, & les laiffa paffer la nuit à leur aife.

Le Galand eftant forti de
grand matin, la Femme de-
meura dans le lit, faifant l'en-
dormie ; le Mari alors s'aprocha d'elle, & fe mit à la careffer. Elle ouvrit les yeux, &
faifant l'étonnée, elle dit à fon
Mari : Eh, mon cœur, depuis
quand eftes-vous de retour ?
D'hier au foir, répondit le Me-

nuifier ; mais je n'ai point voulu faire de mal à ce jeune
homme qui a couché avec
vous , parce que vous fongiez
à moi pendant que vous rece-
viez fes careffes , que vous n'au-
riez pas receuës, fi vous ne m'aviez
cru abfent. La Femme à ces
paroles favorables lui demanda
pardon , & le contenta de men-
fonges , & de fauffes marques de
tendreffe.

Cet exemple vous montre
qu'il ne faut pas fe laiffer ga-
gner par de belles paroles. Les
ennemis , quand ils ne peuvent
parvenir à leurs fins par la force , ont recours aux artifices,
& s'humilient pour tromper.
Carchenas en cet endroit s'é-
cria : O vous, qui me rendez
le but de vos fléches ; pourquoi dites-vous tant de chofes
inutiles , pour augmenter mon

mal ? Quelle apparence de perfidie trouvez - vous dans une
perfonne bleffée comme je le
fuis ? Quel fou voudroit fouffrir tant de mal , pour faire du bien à un autre ? C'eft,
repartit le Vifir , en quoi con-
fifte ta fineffe · la douceur de la
vengeance que tu médites , te
fait dévorer patiemment l'a-
mertume de tes douleurs. Tu
veux te rendre recommandable,
comme ce Singe qui facrifia fa
vie au falut de fa patrie. Je
conjure le Roi d'écouter cette
Hiftoire.

FABLE

Des Singes, & des Ours.

UN grand nombre de Singes demeuroit dans un païs rempli de toute forte de fruits, & fort agreable. Un Ours paſſant par hazard, & conſiderant la beauté de ce ſéjour, & la douce vie des Singes, dit en lui-même : Il n'eſt pas juſte que ces petits animaux ſoient ſi heureux, pendant que je cours les bois & les montagnes pour trouver de quoi manger. En même tems il alla vers les Singes, & en tüa quelques-uns dans ſon dépit : Mais ils ſe jetterent tous ſur lui ; & comme ils eſtoient en tres-grand nombre, ils le mirent tout en fang : de façon qu'il n'eut pas peu de peine à se fauver. Ainfi puni de fa témérité, il gagna une montagne, où il fit tant de cris, qu'il attira une troupe d'Ours, à qui il raconta fon avanture. Ils fe mocquerent tous de lui. Tu es bien poltron, lui dirent-ils, de te laiffer battre par ces petits animaux : Il ne faut pas toutefois souffrir cet affront, & nous devons nous en vanger pour l'honneur de la Nation. Effectivement à l'entrée de la nuit ils defcendirent tous de la montagne, & allerent fondre fur les Singes, qui ne fongeoient à rien moins qu'à cette irruption. Ils eftoient tous retirez, & prenoient leur repos, lors qu'ils furent enveloppez par les Ours, qui en tüerent une partie : le refte fe fauva en defordre. Ce lieu plut tellement aux Ours, qu'ils

le choisirent pour leur demeure. Ils prirent pour Roi celui d'entre eux qui avoit esté
si maltraité ; & aprés cela ils se
mirent à manger les provisions
que les Singes avoient amaf-
sées.

Le lendemain , au point du
jour , le Roi des Singes qui ne
sçavoit rien de tout ce desordre ,
parce qu'il estoit à la chasse depuis deux jours , En revenant
au logis , rencontra plusieurs
Singes estropiez , qui lui racon-
terent ce qui s'estoit passé le
jour précedent. Le Roi à cette
fàcheuse nouvelle se mit à pleurer , & à regreter le beau trésor qu'il avoit perdu , accu-
sant le Ciel d'injustice , & la
Fortune d'inconstance. Outre
cela ses sujets le pressoient de
se vanger ; de maniere que ce
pauvre Roi ne sçavoit de quel
costè se tourner. Parmi tous ces

Singes qui s'eſtoient ralliez, il y en avoit un nommé *Maimon*, qui eſtoit un des plus ſubtils & des plus ſçavans de la Cour, & le favori du Roi ; voyant ſon Maitre triſte, & ſes compagnons conſternez, il s'avança, & leur dit : Ceux qui ont de l'eſprit, ne s'abandonnent jamais au deſeſpoir, qui eſt un arbre qui ne porte que de mauvais fruits ; & la patience au contraire fournit mille inventions pour ſortir des plus fàcheux embaras. Le Roi, que ce diſcours rendit plus tranquile, dit à Maimon : Comment pourrons-nous avec honneur nous tirer d'une ſi dangereuſe affaire ? Maimon ſupplia ſa Majeſté de lui donner une audience ſecrete ; & aprés l'avoir obtenuë, il parla en ces termes :

Sire, ma femme & mes enfans ont eſté maſſacrez par ces

Tirans : Jugez de ma douleur, de me voir privé pour jamais des douceurs que je goûtois au milieu de ma famille. Je suis réſolu de mourir pour terminer mes déplaiſirs ; mais je veux que ma mort ſoit funeſte à mes ennemis. O ! Maimon, dit le Roi, on ne ſouhaite de ſe vanger de ſes ennemis, que pour ſe procurer du repos, ou une ſatisfaction d'eſprit ; mais quand vous ſerez mort, que vous importe que le monde ſoit en guerre ou en paix ? Sire, reprit Maimon, dans l'état où je ſuis la vie m'eſtant inſuportable, je l'immole avec plaiſir au bonheur de mes compagnons. Toute la grace que je demande à voſtre Majeſté, c'eſt de vous ſouvenir quelquefois de ma generoſité, quand vous ſerez rétabli dans vos Etats. Commandez, ajoûta-t'il, qu'on m'arrache

che les oreilles & les dents,
qu'on me coupe les pieds, &
puis qu'on m'abandonne la nuit
dans le coin de la forest où
nous estions logez. Retirez-vous,
Sire, avec ce qui vous reste de
sujets, éloignez-vous d'ici de
deux journées, & la troisiéme
vous pourrez revenir à vostre
Palais, parce que les ennemis
n'y seront plus. Le Roi fit avec
douleur executer ce que Maimon desiroit, & le laissa dans
le bois, où il ne cessa toute la
nuit de faire les plaintes du
monde les plus touchantes.

Le jour estant venu, le Roi
des Ours, qui avoit oüi la voix
de Maimon, s'avança pour voir
ce que c'estoit ; & voyant le
pauvre Singe en cet état, il en
fut touché decompassion, malgré
son humeur cruelle, & il lui demanda qui l'avoit maltraité de la
sorte, & qui il estoit. Maimon

jugeant par les aparences que
c'estoit le Roi des Ours qui lui
parloit, le salüa, & lui dit :
Sire, je suis le Visir du Roi des
Singes ; j'estois allé à la chasse
avec lui, & à nostre retour
ayant apris les ravages que vôtre Majesté a faits dans nos mai-
sons, il me tira en particulier,
pour me demander ce que je
croyois qu'il y eût de meilleur à
faire dans cette conjonĉture. Je
lui répondis, sans balancer,
qu'il faloit nous mettre sous vôtre proteĉtion pour vivre en repos. Le Roi mon Maitre dit là-
dessus beaucoup de sottises de
vostre Majesté : ce qui fut cause
que je pris la hardiesse de lui re-
presenter que vous estiez un Roi
couvert de gloire, & plus puissant que lui. Il fut tellement irrité de mon audace, qu'il me fit
mettre à l'heure même dans l'é-
tat où vous me voyez. Et puis,

Il me dit d'un air furieux: Va avec mes ennemis, puisque tu tiens leur parti ; je verrai comme ils te vengeront. Aprés celà il me fit porter en cet endroit. Maimon n'eut pas plûtoft achevé ce dif-cours, qu'il fe mit à répandre des larmes en fi grande abondan-ce, que le Roi des Ours en fut attendri , & ne put s'empêcher de pleurer aufli. Il demanda à Maimon où eftoient les Singes ? Dans un defert nommé *Mar-dazmay*, répondit-il, où ils amaf-fent une puiffante Armée ; & je ne doure pas que vous ne les voyïez bien-toft venir à vous. Le Roi des Ours effrayé de cette nouvelle, interrogea Maimon fur les moyens de fe garantir des entreprifes des Singes. Que vô-tre Majefté, repartit Maimon, ne les craigne point ; fi je n'a-vois pas les pieds rompus, je m'en irois avec une troupe de vos

F f ij

gens, & je mettrois en fuite tous ces Guenons. Je ne doute pas, dit le Roi, que vous ne sçachiez les avenuës de leur Camp : conduisez-nous où ils sont, nous vous en serons obligez, & nous vous vangerons de leur barbarie. Cela est impossible, repliqua Maimon, parce que je ne puis marcher. Il y a remede à tout, repartit le Roi ; & je trouverai bien une invention pour vous conduire. En mesme tems il apella son Armée, & lui commanda de se tenir preste pour partir, & en estat de combatre. Ils obéïrent tous, & attacherent Maimon, pour leur servir de guide sur la teste d'un des plus grands Ours.

Maimon les conduisit dans le desert de Mardazmay, où il soufsloit un vent empoisonné, & où la chaleur estoit si grande, qu'on n'y voyoit aucun animal.

Quand les Ours furent entrez dans ce dangereux defert, Maimon pour les y engager plus avant, les preffoit, difant : Alons vîte pour les furprendre avant le jour. Ils marcherent toute la nuit ; mais le lendemain ils furent bien étonnez de fe trouver dans un lieu fi funefte. Non feulement ils ne virent paroiftre aucun Singe, mais ils s'aperçûrent que le Soleil avoit échauffé l'air de telle forte, que les oifeaux qui y voloient, tomboient tous grillez ; & le fable y eftoit fi brûlant, que les pieds des Ours eftoient tous roftis. Alors le Roi dit à Maimon : En quel defert nous avez-vous amené, & quel tourbillon enflammé vois-je venir à nous ? Le Singe voyant qu'ils alloient tous perir, parla franchement, & répondit au Roi des Ours : Tiran, nous fommes dans le defert de la mort ;

ce tourbillon qui s'aproche de nous, est la mort mesme, qui vient te punir de tes tirannies. Pendant qu'il parloit ainsi, le tourbillon arriva, & les consomma tous.

Deux jours aprés le Roi des Singes retourna dans son Palais, comme lui avoit dit Maimon ; & n'y trouvant plus d'ennemis, continüa de vivre en paix avec ses Guenons.

Vostre Majesté, poursuivit le Visir, voit par cet exemple, qu'il ne faut point se fier aux belles paroles de ses ennemis. Il faut que celui-là périsse qui tâche de nous faire perir. Ce discours mit en colere le Roi des Hiboux, qui dit brusquement au Visir : Pourquoy voulez-vous empêcher que ce pauvre miserable éprouve ma clemence ? Ne sçavez-vous pas que vous pouvez tomber dans le malheur qui luy eſt arrivé. En meſme tems il commanda à ſes Chirurgiens de panſer Carchenas, & d'en avoir un ſoin particulier. Carchenas ſe gouverna ſi bien, qu'en peu de tems il fut aimé de toute la Cour. Le Roi des Hiboux lui donna ſa confiance, & commença de ne rien faire ſans le conſulter. Un jour Carchenas harangua le Roi en preſence d'un grand nombre de Courtiſans ; & voici ce qu'il dit : Sire, le Roi des Corbeaux m'a maltraité ſi injuſtement, que je ne m'ourrai point content que je ne m'en ſois vangé. Il y a long-tems que j'en cherche les moyens dans ma teſte ; mais j'ai ſongé que je ne puis me vanger honneſtement ni ſeurement tant que j'aurai la fi-gure d'un Corbeau. J'ai oüi dire à des hommes d'eſprit, que celui qui a eſté maltraité par un Tiran, s'il fait quelque ſouhait,

F f iiij

il faut qu'il se mette dans le feu, pendant qu'il y sera, tous les vœux qu'il fera seront exaucez. C'est pourquoy je supplie vôtre Majesté de me faire jetter dans le feu, afin qu'au milieu des flammes je demande à Dieu qu'il me change en Hiboux : peut-estre qu'il exaucera ma priere, alors je sçauray bien me vanger de mon ennemi. Le Hiboux Visir qui avoit parlé contre Carchenas, estoit en cette Assemblée ; il s'écria : O traistre ! à quoy tend ce langage ? Tu médites une perfidie. Sire, ajoûta-t'il, se tournant vers le Roi, vous avez beau caresser ce méchant, il ne changera jamais de naturel. La Souris fut metamorphosée en fille, & toutefois elle ne laissa pas de souhaiter d'avoir un Rat pour mari. Vous aimez fort à raconter des Fables, dit le Roi en raillant ; je consens d'écouter encore celle-là, mais je ne vous répons pas que j'en profite beaucoup.

FABLE

D'une Souris qui fut changée en fille.

UN homme de bien se promenant un jour au bord d'une fontaine*, vit tomber à ses pieds une souris du bec d'un Corbeau qui ne la tenoit pas trop bien. Cet homme par pitié la prit, & la porta chez soy ; mais craignant qu'elle ne fist quelque desordre, il pria Dieu de la changer en une fille : Ce qui fut fait ; de maniere qu'au lieu d'une Souris il vit tout d'un coup une petite Fille, qu'il fit élever. Quelques années aprés, le bon homme la voyant assez grande pour estre mariée, lui

dit : Choisis dans toute la Nature l'estre que tu voudras , je te
promets de te le faire épouser.
Je veux , répondit la Fille , un
mari qui soit si fort , qu'il ne
puisse estre vaincu. C'est donc ,
repliqua le vieillard , le Soleil
que tu demandes. C'est pourquoy le lendemain matin il dit
au Soleil : Ma fille desire un
Epoux qui soit invincible, voulez-vous bien l'épouser : Mais le
Soleil lui répondit : La Nuée
empêche ma force, adressez-vous
à elle. Le bon homme fit le
même compliment à la Nuée :
Le Vent , lui dit-elle , me fait
aller où bon lui semble. Le vieillard ne se rebuta point , il pria
le Vent d'épouser sa Fille ; mais
le Vent luy ayant representé que
sa force estoit arrestée par la
Montagne, il s'adressa à la Montagne : Le Rat est plus fort que
moy , répondit - elle , puisqu'il

me perce de tous coftez , & pé-
netre jufques dans mes entrailles.
Le vieillard enfin alla trouver le
Rat , qui confentit de fe marier
avec fa Fille , difant qu'il y avoit
long - tems qu'il cherchoit une
femme. Le vieillard retourna au
logis , & demanda à fa Fille fi
elle vouloit époufer un Rat : Il
s'attendoit à la voir témoigner
de l'horreur pour ce Mariage ,
mais il fut bien étonné quand il
vit qu'elle marquoit beaucoup
d'impatience d'eftre unie au Rat.
Le bon homme auffi-toft fe mit
en priere pour demander que fa
Fille redevint Souris : ce qu'il
obtint.

Le Roi des Hiboux attribuant
ces remontrances à la jaloufie
qu'il croyoit que le Vifir avoit
du Corbeau, n'en fit guere de
cas. Cependant Carchenas ob-
fervoit les entrées & les forties
des Hiboux ; & quand il fut

parfaitement inſtruit de toutes choſes, il les quitta ſecretement, & retourna vers les Corbeaux. Il aprit à ſon Roi tout ce qui s'eſtoit paſſé, & lui dit : Sire, c'eſt maintenant que nous pouvons nous vanger de nos ennemis. Dans une montagne il y a une caverne où tous les Hiboux s'aſſemblent tous les jours, elle eſt environnée de bois : Voſtre Majeſté n'a qu'à commander à ſon Armée de porter une grande quantité de ce bois à la porte de cette caverne. Pour moi, je me tiendrai auprés, avec du feu que j'aurai pris aux Cabanes des Bergers voiſins, j'allumerai le bois ; alors tous les Corbeaux battront des aiſles à l'entour, afin de l'alumer davantage : ainſi les Hiboux qui ſortiront ſeront brûlez des flammes, & la fumée étouffera ceux qui demeureront.

Ce conseil plût au Roi des Corbeaux : Il ordonna à tout son monde de partir ; enfin on fit ce qu'avoit dit Carchenas, & tous les Hiboux perirent. On voit par cet exemple qu'il est quelquefois necessaire de se soumettre à ses ennemis, pour en tirer raison. La Fable qui suit peut encore en servir de preuve.

FABLE

D'un Serpent, & des Grenoüilles.

VN Serpent devenu vieux & foible, & ne pouvant plus chasser, se plaignoit des incommoditez de sa vieillesse, & regrettoit inutilement la force de ses premieres années ; la faim lui fit pourtant trouver ce stratagême pour subsister. Il alla au bord d'une Fontaine où demeuroit une infinité de Grenoüilles qui avoient élû un Roi pour les gouverner. Le Serpent affecta d'estre fort triste & malade : Une Grenoüille lui demanda ce qu'il avoit ? J'ai faim , répondit-il ; je vivois autrefois des Grenoüilles que je prenois, mais je suis presentement si malheureux que je n'en puis prendre aucune. La Grenoüille alla promptement donner avis à son Roi de l'état & de la réponse du Serpent. Sur ce raport le Roi se transporta lui-mesme sur le lieu pour considerer le Serpent, qui lui dit : Sire , un jour voulant prendre une Grenoüille, elle s'enfuit chez un Moine, & entra dans une chambre obscure où dormoit un petit enfant : Comme je suivois ma proye, j'entrai aussi dans la chambre , je sentis le pied de l'enfant, & m'imaginant que c'étoit la Grenoüille , je le mordis de maniere que l'enfant mourut aussi-toſt. Le Moine irrité de mon audace, me pourſuivit de toute ſa force ; mais ne pouvant me joindre, il demanda à Dieu que pour me punir de mon crime, je ne puſſe jamais attraper de Grenoüilles, à moins que leur Roi ne m'en donnât par charité ; & enfin il ajoûta qu'il ſouhaitoit que je devinſſe leur eſclave, & que je leur obéïſſe. Ces prieres du Moine, continüa le Serpent, ont eſté exaucées ; & je viens pour me ſoumettre à vous, & pour obéïr à vos ordres, puiſque c'eſt la volonté de Dieu.

Le Roi des Grenoüilles le receut avec orgueil, & lui dit fierement qu'il ſe ſerviroit de lui. Le Serpent durant quelques jours porta le Roi ſur ſon dos ; mais il lui dit à la fin : Puiſſant Monarque, ſi vous voulez que je vous ſerve long-tems, il faut me nourrir, ou je mourrai bien-toſt de faim. Tu as raiſon , répondit le Roi des Grenoüilles : je te donnerai par jour deux de mes ſujets à croquer. Ainſi le Serpent par ſa ſoumiſſion à ſon ennemi s'aſſura à ſes dépens une nourriture pour le reſte de ſa vie.

Sire , dit Pilpay , voſtre Majeſté voit par ces exemples, que la patience eſt une grande vertu pour faire réüſſir un deſſein. Les gens d'eſprit ont raiſon de dire que la prudence vaut mieux que la force. On peut par adreſſe ſe tirer d'un mauvais pas : mais aprenez qu'il ne faut point ſe fier à ſes ennemis, quelques proteſtations d'amitié qu'ils faſſent. Un ſerpent ſera toûjours ſerpent. Ce n'eſt qu'aux vrais amis qu'il faut donner ſa confiance , & il n'y a que leur commerce qui puiſſe nous eſtre utile.

F I N.

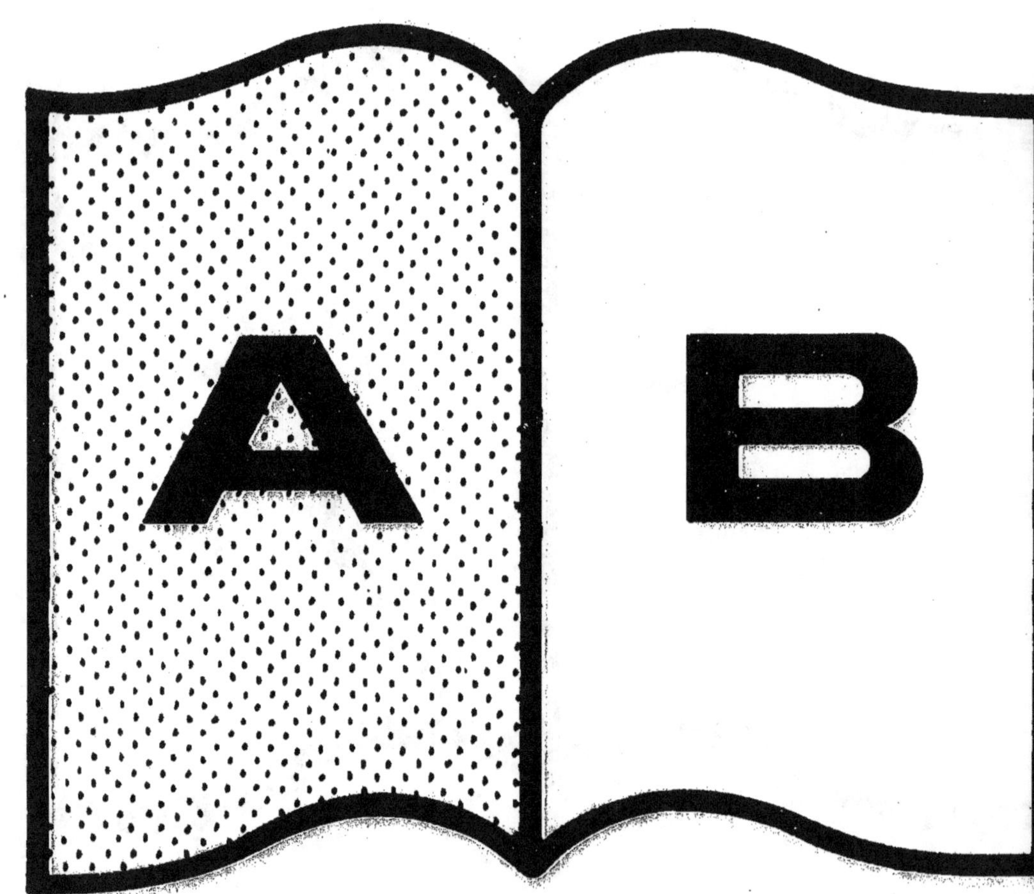